D1854494

GÜTERSLOHER
VERLAGSHAUS

Gütersloher Verlagshaus. Dem Leben vertrauen

Eine Publikation
des Ökumenischen Geistlichen Zentrums
Ecumenical Spiritual Center
ESC
der Diakonie Neuendettelsau
www.diakonieneuendettelsau.de

Hermann Schoenauer

Leben entfalten

Gebete für Gemeinde, Diakonie und soziale Arbeit

Gütersloher Verlagshaus

Bibliografische Information der Deutschen Nationalbibliothek
Die Deutsche Nationalbibliothek verzeichnet diese Publikation in der Deutschen Nationalbibliografie; detaillierte bibliografische Daten sind im Internet über http://dnb.d-nb.de abrufbar.

FSC
www.fsc.org
MIX
Papier aus verantwortungsvollen Quellen
FSC® C005833

Verlagsgruppe Random House FSC-DEU-0100
Das für dieses Buch verwendete FSC-zertifizierte Papier *Munken Premium Cream* liefert Arctic Paper Munkedals AB, Schweden.

Quellennachweis:
Die Bibelzitate stammen aus: Lutherbibel, revidierter Text 1984, durchgesehene Ausgabe in neuer Rechtsschreibung. © 1999 Deutsche Bibelgesellschaft, Stuttgart.
Für freundlich erteilte Abdruckgenehmigungen danken wir. Trotz intensiver Bemühungen war es leider nicht bei allen Texten möglich, den/die Rechtsinhaber/in ausfindig zu machen. Für Hinweise sind wir dankbar. Rechtsansprüche bleiben gewahrt.

1. Auflage
Copyright © 2010 by Gütersloher Verlagshaus, Gütersloh, in der Verlagsgruppe Random House GmbH, München

Dieses Werk einschließlich aller seiner Teile ist urheberrechtlich geschützt. Jede Verwertung außerhalb der engen Grenzen des Urheberrechtsgesetzes ist ohne Zustimmung des Verlages unzulässig und strafbar. Das gilt insbesondere für Vervielfältigungen, Übersetzungen, Mikroverfilmungen und die Einspeicherung und Verarbeitung in elektronischen Systemen.

Umschlagmotiv: Reinhard Zimmermann, Arberg-Mörsach am Altmühlsee, Foto: Peter Helbich, Vellmar
Druck und Einband: Těšínská tiskárna, Český Těšín
Printed in Czech Republic
ISBN 978-3-579-05925-9
www.guetersloher-verlagshaus.de

Inhaltsverzeichnis

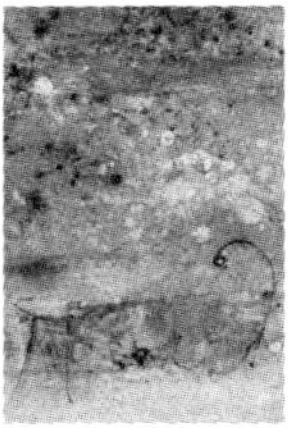

Vorwort

Das Gebet führt zur Aufmerksamkeit des Herzens

In unserem Land, in Europa und in aller Welt sind Menschen aus christlichen oder aus humanitären Gründen im Namen der Barmherzigkeit und in helfender Zuwendung zu den Menschen unterwegs. Sie sind für die Menschen da, die der Unterstützung und des Rates in den Lebenslagen bedürfen, die sie nicht ohne andere bewältigen können. Es ist ein Dienst, der alle Kräfte des Leibes und der Seele fordert. Deshalb ist es verständlich, dass sich viele in diesem Dienst verzehren und dabei immer wieder an die Grenze ihrer Möglichkeiten stoßen. Sie benötigen dann selbst Rat, Hilfe, Beistand und Ermutigung. Eine hohe Aufmerksamkeit den Bedürfnissen der anderen gegenüber und der achtsame Umgang mit ihnen sind nur zu leisten, wenn wir selbst immer wieder innehalten und durchatmen können, um aus den Quellen des Lebens neue Kraft und Liebe zu schöpfen. Es gibt viele Möglichkeiten, die physischen und psychischen Kräfte zu stärken. Eine der wichtigsten Quellen für die Ganzheit von Leib, Seele und Geist ist das Gebet. Es ist der Augenblick und Ort des Rückzuges, der Stille und der Besinnung. Im Gebet wenden wir uns einer segnenden Kraft zu, über die wir nicht verfügen, die uns aber geschenkt werden kann. Wir wechseln unsere alltägliche Rolle. Im Vollzug des Gebets werden wir von Gebenden zu Empfangenden.

Mit meinem Buch »Leben gestalten. Gebete zur Zeit«, Gütersloher Verlagshaus 2007, habe ich Gebete für das Kirchenjahr, für die Jahreszeiten und für persönliche Anlässe und Fragen zur Einübung in das tägliche Gebet vor Gott angeboten. In dem darauf folgenden Band »Leben segnen. Rituale für den Alltag«, 2009 ebenfalls im Gütersloher Verlagshaus erschienen, habe ich die Bedeutung des Segens und die Wirkung des Segnens mit dem Zeichen des Kreuzes ausführlich beschrieben und erläutert. Zahlreiche konkrete Segenshandlungen für den Alltag und für die Lebensbezüge von der Geburt bis zum Tod werden in diesem Band für den persönlichen Gebrauch wie für die Arbeit in Kirche, Diakonie und Caritas angeboten. Die Texte aus diesen beiden Bänden bieten eine gute Ergänzung zu den Gebeten und Abläufen des nun vorliegenden Buches für Mitarbeitende in Gemeinde, Diakonie und sozialer Arbeit.

In diesem neuen Buch »Leben entfalten. Gebete für Gemeinde, Diakonie und soziale Arbeit« werden die vorgenannten Bücher nicht nur thematisch ergänzt, sondern auch im Blick auf die Benutzer erweitert. Zum einen geht es um Gebete für die vielen Anlässe und Orte, wo sich Menschen versammeln und vorbereiten, um ihren christlichen und sozialen Auftrag in die Praxis umzusetzen: in der Kirchengemeinde vor Ort, in den verantwortlichen Organen, Gremien und Einrichtungen der institutionellen Kirchen und in den speziellen Einrichtungen und Werken der Diakonie, der Caritas und der Freien Wohlfahrt insgesamt. In der Vorbereitung auf den jeweiligen Dienst ist es notwendig, sich im Gebet Gott zuzuwenden und um seinen Segen für alles Reden und Tun zu bitten.

Zum anderen werden aber auch alle angesprochen und eingeladen, die nicht in der Trägerschaft christlich orientierter Einrichtungen und Verbände wie Diakonie und Caritas arbeiten, aber gleichwohl sich persönlich und im Interesse der anvertrauten Menschen fürsorgend, helfend und beratend und insofern auch seelsorgerlich engagieren. Hier denke ich unter anderem an Mitarbeiterinnen und Mitarbeiter in der Arbeiterwohlfahrt, im Paritätischen Wohlfahrtsverband oder im Deutschen Roten Kreuz.

Die auf den jeweiligen Dienst vorbereitenden Gebete und Gespräche wollen die Aufmerksamkeit unseres Herzens auf den ganzen Menschen mit seinen unterschiedlichen Erwartungen an das Leben, Plänen, Nöten und Sehnsüchten lenken. Im Gebet wenden wir uns Gott zu, dem wir unser Leben verdanken inmitten seiner vielfältigen Schöpfung. Wir müssen nicht auf unsere kleine Kraft allein vertrauen, denn Gott ist uns nahe in Jesus Christus und mit seinem Heiligen Geist. So werden wir frei von uns selbst für das, was Gott von uns erwartet. Und unsere Gespräche eröffnen eine andere Dimension, nämlich die Dimension der Sorge und Liebe, des achtsamen und respektvollen Umgangs miteinander. Wir stehen nicht in Konkurrenz zueinander, sondern im Bestreben nach der jeweils für den Betroffenen besten Lebenshilfe.

Im Vaterunser, einem der Grundgebete der Menschheit, das uns Jesus gelehrt hat, liegt das Wesentliche unseres Lebens und der ganzen Welt beschlossen. Es ist das Gebet, das nicht nur die Welt umspannt, sondern auch vielen in unserer Gesellschaft vertraut ist. In jedem rechten Gebet liegt die Anrufung und Hinwendung zu Gott, unserem Vater und dem Schöpfer allen Lebens. In jedem Gebet wenden wir uns an Christus, unseren Erlöser, der uns durch die Auferstehung in das neue Leben führt. Und das Gebet um den Heiligen Geist verwandelt uns zu Menschen, denen trotz aller Schwäche und Unvollkommenheit die Kraft, Hoffnung und Liebe für den geistlichen, seelsorgerlichen, karitativen, diakonischen und sozialen Dienst geschenkt wird.

Simone Weil, zunächst Atheistin, erlebte eine leidenschaftliche Hinwendung zur Spiritualität, bevor sie an den Folgen und Entbehrungen ihres Widerstands im Jahr 1943 starb. Sie hatte ihre persönlichen Erfahrungen mit dem Vaterunser: »Ich habe mir als einzige Übung die Verpflichtung auferlegt, das Vaterunser jeden Morgen ein Mal mit unbedingter Aufmerksamkeit zu sprechen. Wenn meine Aufmerksamkeit unter dem Sprechen abirrt oder einschläft, und sei es auch nur im allergeringsten Grade, so fange ich wieder von vorne an, bis ich ein Mal eine völlig reine Aufmerksamkeit erreicht habe. Dieses Gebet enthält alle je möglichen Bitten; man kann kein Gebet ersinnen, das nicht schon darin beschlossen wäre. Es ist als Gebet, was Christus als Mensch ist.

Es ist unmöglich, es einmal zu sprechen und dabei auf jedes Wort die Fülle der Aufmerksamkeit zu richten, ohne dass in der Seele eine vielleicht unendlich kleine, aber wirkliche Veränderung bewirkt wird« *(Simone Weil)*.

Das Gebet am Anfang unseres Redens, Planens und Handelns darf aber keinesfalls zu einer immerwährenden Routine erstarren. Es will unsere Herzen und Sinne für den Anspruch und die Herausforderungen des Alltags öffnen. Es führt uns in die Aufmerksamkeit und in die Liebe Gottes, aus denen die Kraft Christi entspringt und in der er uns durch seine Gegenwart begegnet. Dadurch werden wir fähig, unseren Auftrag zu erkennen und zu erfüllen. Und wir helfen anderen, Leben inmitten von Leben zu entfalten.

Im vorliegenden Band werden Ihnen nach Vorwort und Prolog einige Grundmuster für Andachten angeboten, die Sie auf die jeweilige Situation hin variieren können. Danach folgen Gebete und Segenswünsche für den Anfang und das Ende eines Tages. Diese sind sowohl für den persönlichen Beginn eines Tages als auch für den Anfang oder das Ende einer Gruppensitzung oder eines Mitarbeitergespräches geeignet. Jedenfalls immer dann, wenn nur ein kurzer geistlicher und besinnlicher Einstieg gewünscht wird. Denn nicht für jede Sitzung ist eine ausführliche Andacht erforderlich.

Für Gremien und Kreise in der Gemeinde finden Sie Vorschläge, wie man sich und das jeweilige Gremium bzw. den jeweiligen Gemeindekreis für gemeindliche und kirchliche Anliegen durch eine geistliche Besinnung oder auch nur mit einem Gebet auf die folgenden Verhandlungen, Überlegungen und Veranstaltungen vorbereiten kann.

Anschließend geht es um Gebete für die jeweiligen Mitarbeitenden in Diakonie, Caritas und in den sozialen Diensten. Hier sprechen der oder die Mitarbeitenden mit einem ganz konkreten Anliegen in dem jeweiligen Berufsfeld, in dem sie leben und tätig sind. Diese Gebete haben einen sehr persönlichen Charakter, weil sie die unmittelbaren Anliegen, Fragen und Bewegungen aufgreifen. Diese Gebete sind aber auch in und bei Sitzungen der jeweiligen Fachgruppen verwendbar.

In einem Anhang sind zusätzliche Gebete und Texte für Ihren Dienst aufgenommen.

Mögen die Gebete auf den folgenden Seiten für Sie persönlich wie auch für Ihren Dienst in Gemeinde, Diakonie und in der sozialen Arbeit eine Hilfe sein!

Hermann Schoenauer
Rektor der Diakonie Neuendettelsau

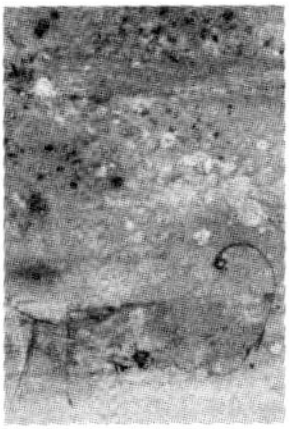

Prolog

Peter Helbich

Berufen zum Dienst am Menschen

Ich sprach:
Herr, lehre mich beten! Denn Anfang und Ende all meines Denkens, Planens und Tuns bleiben letztlich Stückwerk, wenn dein Segen mich nicht führt.

Der Herr antwortete:
Nimm die Worte, die ich in dein Herz gelegt habe. Sprich meinen Namen und nenne mich Vater. Denn ich habe vor Zeiten mich offenbart und will auch heute bei dir sein. Ich werde bei dir sein, am Abend und am Morgen, auf deinen Wegen und in den Stunden deiner Suche nach deinem Weg und Auftrag in dieser Welt.

Ich verstand, was er mir sagen wollte.
Mein Herz öffnete sich und ich begann die Worte zu sprechen, die mich veränderten: »Vater unser im Himmel. Geheiligt werde dein Name. Dein Reich komme. Dein Wille geschehe wie im Himmel so auf Erden. Unser tägliches Brot gib uns heute. Und vergib uns

unsere Schuld, wie auch wir vergeben unsern Schuldigern. Und führe uns nicht in Versuchung, sondern erlöse uns von dem Bösen. Denn dein ist das Reich und die Kraft und die Herrlichkeit in Ewigkeit. Amen.« Und ich sah Christus, der gekommen war in diese Welt, nicht um zu richten, sondern um zu erlösen. In mir brannte eine Flamme, die meinen Geist und mein ganzes Gemüt ergriffen hatte. Ich konnte nicht anders, als mein Herz für die Nöte der Schwestern und Brüder zu öffnen.

Ich stand auf und machte mich auf den Weg:
zu den Jungen und Alten, zu denen auf der Straße und zu denen in den Gefängnissen, zu denen ohne Kleidung, zu den Kranken, zu den Hungernden und Verdurstenden, zu den Fremden, den Heimatlosen und Vertriebenen, zu den Behinderten und Benachteiligten, zu den Einsamen und Sterbenden. Und ich hörte die Worte des Herrn: »Was ihr getan habt einem von diesen meinen geringsten Brüdern, das habt ihr mir getan« *(Matthäus 25, 40).*

Ich legte alles in Gottes Hände.
Mein ganzes Leben und Handeln, mein Reden und Schweigen, meine Hoffnung auf Liebe und Sehnsucht nach Erfüllung. Ich sah meine Aufgaben und bat Gott, mir immer den richtigen Weg zu zeigen. Ich bat ihn, mir die Fähigkeit zu geben, ohne Furcht, sondern mit Kraft und Liebe und Besonnenheit meinen Dienst zu tun.

Ich danke Gott,
dass er mich in den Dienst am Menschen gerufen hat. Wo immer es auch ist, er will, dass ich da bin: in der Gemeinde mit ihren vielfältigen Aufgaben, Pflichten und Verantwortungen; in der Diakonie, die mit den Werken der Barmherzigkeit sich im Namen Jesu Christi allen zuwendet, die des Rates, des Beistands, der Hilfe für den Leib, die Seele und den Geist bedürfen. Und dabei will ich mich daran ausrichten: Alle Diakonie kommt aus dem Herzen der Liebe und Barmherzigkeit unseres Herrn Jesus Christus.

Ich danke Gott,
dass er in den vielen Einrichtungen und Diensten derer, die sich aus Liebe und Zuneigung, aus der Berufung des Herzens und innerer Verantwortung zum sozialen Engagement entschlossen haben, mit seinem Segen wirken will. Wo immer sie auch leben und wirken, es ist eine große Aufgabe, dem Menschen in seiner Not und Bedürftigkeit zu helfen.

Ich vertraue bei allem
der großen und segnenden Kraft des Himmels.
»Komme, was mag! Gott ist mächtig! Wenn unsere Tage verdunkelt sind und unsere Nächte finsterer als tausend Mitternächte, so wollen wir stets daran denken, dass es in der Welt eine große, segnende Kraft gibt, die Gott heißt. Gott kann Wege aus der Ausweglosigkeit weisen. Er will das dunkle Gestern in ein helles Morgen verwandeln – zuletzt in den leuchtenden Morgen der Ewigkeit.«
(Martin Luther King)

Gebet eines aufmerksamen Herzens

Mein Gott, schenke mir die Hingabe zum Dienen, Geduld und Wachsamkeit, vor allem aber Liebe und uneingeschränkte Zuwendung zum anderen. Mache mich frei von Trägheit und Müdigkeit, von Unordnung und Nachlässigkeit. Gib mir die Freiheit, meine eigenen Grenzen zu überschreiten, wo es zur Hilfe für den anderen nötig ist. Und lass nicht zu, dass meine Vorurteile mich am Dienen in deinem Geist hindern.

Gib mir einen Geist, der in mir Freundlichkeit, Güte und alle die Gaben weckt, die Leben bewahren und entfalten können. Lass mich in jedem Gesicht dein Antlitz erkennen. Herr, segne meinen Dienst! Amen.

Worauf es ankommt

»Herr, ich bitte nicht um Wunder und Visionen, sondern um die Kraft für den Alltag. Lehre mich die Kunst der kleinen Schritte!

Mach mich findig und erfinderisch, um im täglichen Vielerlei und Allerlei rechtzeitig meine Erkenntnisse und Erfahrungen zu notieren, von denen ich besonders getroffen und betroffen bin. Mach mich griffsicher in der richtigen Zeiteinteilung. Schenke mir das Fingerspitzengefühl, um herauszufinden, was erstrangig und was zweitrangig ist.

Ich bitte um Kraft für Zucht und Maß, dass ich nicht durch das Leben rutsche, sondern den Tageslauf vernünftig einteile, auf Lichtblicke und Höhepunkte achte und wenigstens hin und wieder Zeit finde für einen kulturellen Genuss. Lass mich erkennen, dass Träumereien nicht weiterhelfen, weder über die Vergangenheit noch über die Zukunft. Hilf mir, das Nächste so gut wie möglich zu tun und die jetzige Stunde als die wichtigste zu erkennen. Bewahre mich vor dem naiven Glauben, es müsste im Leben alles glatt gehen. Schenke mir die nüchterne Erkenntnis, dass Schwierigkeiten, Niederlagen, Misserfolge und Rückschläge eine selbstverständliche Zugabe zum Leben sind, durch die wir wachsen und reifen. Erinnere mich daran, dass das Herz oft gegen den Verstand streikt. Schick mir im rechten Augenblick jemanden, der den Mut hat, mir die Wahrheit in Liebe zu sagen.
Gib mir das tägliche Brot für Leib und Seele, eine Geste deiner Liebe, ein freundliches Echo, und wenigstens hin und wieder das Erlebnis, dass ich gebraucht werde. Ich weiß, dass sich viele Probleme dadurch lösen, dass man nichts tut. Gib mir, dass ich warten kann. Ich möchte dich und die anderen immer aussprechen lassen. Das Wichtigste sagt man sich nicht selbst, es wird einem gesagt. Du weißt,

wie sehr wir der Freundschaft bedürfen. Gib, dass ich diesem schönsten, schwierigsten, riskantesten und zartesten Geschäft meines Lebens gewachsen bin. Verleihe mir die nötige Phantasie, im rechten Augenblick ein Päckchen Güte – mit oder ohne Worte – an der richtigen Stelle abzugeben. Mach aus mir einen Menschen, der einem Schiff im Tiefgang gleicht, um auch die zu erreichen, die unten sind.

Bewahre mich vor der Angst, ich könnte das Leben versäumen. Gib mir nicht, was ich wünsche, sondern was ich brauche.

Lehre mich die Kunst der kleinen Schritte.«

(Antoine de Saint-Exupéry)

Grundmuster für eine Kurzandacht

(z.B. vor Beginn einer Sitzung, eines Ausschusses oder vor Arbeitsbesprechungen)

Lied
Morgen- oder Abendlied; Lieder zu »Loben und Danken«; Lieder zum »Kirchenjahr«. Auswahl im »Evangelischen Gesangbuch« *(EG)*

Psalmgebet
Auswahl aus den Psalmen der Bibel

Losung für den Tag
Aus den »Herrnhuter Losungen«

Gebet
Vorschläge auf den Seiten 36-59

Vaterunser

Segensbitte
Aaronitischer Segen
(4. Mose 6,22-27)

Beispiel 1

Andacht vor einer Sitzung

Lied (EG 317,1-5)

1. Lobe den Herren,
den mächtigen König der Ehren,
meine geliebete Seele, das ist mein Begehren.
Kommet zuhauf,
Psalter und Harfe, wacht auf,
lasset den Lobgesang hören!

2. Lobe den Herren,
der alles so herrlich regieret,
der dich auf Adelers Fittichen
sicher geführet,
der dich erhält,
wie es dir selber gefällt;
hast du nicht dieses verspüret?

3. Lobe den Herren,
der künstlich und fein dich bereitet,
der dir Gesundheit verliehen,
dich freundlich geleitet.
In wie viel Not
hat nicht der gnädige Gott
über dir Flügel gebreitet!

4. Lobe den Herren,
der deinen Stand sichtbar gesegnet,
der aus dem Himmel mit Strömen
der Liebe geregnet.
Denke daran,
was der Allmächtige kann,
der dir mit Liebe begegnet.

5. Lobe den Herren,
was in mir ist, lobe den Namen.
Alles, was Odem hat,
lobe mit Abrahams Samen.
Er ist dein Licht,
Seele, vergiss es ja nicht.
Lobende, schließe mit Amen!

(Text: Joachim Neander 1680
Melodie: 17. Jh.; geistlich Stralsund 1665, Halle 1741)

Psalmgebet (Psalm 23)

1 Der Herr ist mein Hirte,
mir wird nichts mangeln.
2 Er weidet mich auf einer grünen Aue
und führet mich zum frischen Wasser.
3 Er erquicket meine Seele.
Er führet mich auf rechter Straße
um seines Namens willen.
4 Und ob ich schon wanderte im finstern Tal,
fürchte ich kein Unglück;
denn du bist bei mir,
dein Stecken und Stab trösten mich.
5 Du bereitest vor mir einen Tisch
im Angesicht meiner Feinde.
Du salbest mein Haupt mit Öl
und schenkest mir voll ein.
6 Gutes und Barmherzigkeit
werden mir folgen mein Leben lang,
und ich werde bleiben im Hause des Herrn
immerdar.

Losung des Tages

Herrnhuter Losungen
Losung und Lehrtext für den Tag
(Hier kann evtl. die Kurzauslegung der Losung bzw. des Lehrtextes aus dem Buch »Licht und Kraft. Losungskalender« gelesen werden. Siehe Literaturhinweise, Seite 175)

Gebet

Mein Gott, ich danke dir für das Leben, das du mir an jedem Tag neu schenkst. Alles hat seine Zeit: der Morgen, der Mittag und der Abend. Arbeit und Entspannung, Lachen und Weinen, Planen und Ausführen, Reden und Schweigen. Und auch die Zuwendung zu den Menschen braucht meine Zeit und Liebe. Amen. (Gebet von Seite 46)

Vaterunser

Segensbitte

Der Herr segne dich und behüte dich;
der Herr lasse sein Angesicht leuchten über dir
und sei dir gnädig;
der Herr hebe sein Angesicht über dich
und gebe dir Frieden.

Beispiel 2
Andacht am Morgen eines Tages

Lied (EG 440,1-4)

1. All Morgen ist ganz frisch und neu
des Herren Gnad und große Treu;
sie hat kein End den langen Tag,
drauf jeder sich verlassen mag.

2. O Gott, du schöner Morgenstern,
gib uns, was wir von dir begehrn:
Zünd deine Lichter in uns an,
lass uns an Gnad kein Mangel han.

3. Treib aus, o Licht, all Finsternis,
behüt uns, Herr, vor Ärgernis,
vor Blindheit und vor aller Schand
und reich uns Tag und Nacht dein Hand,

4. zu wandeln als am lichten Tag,
damit, was immer sich zutrag,
wir stehn im Glauben bis ans End
und bleiben von dir ungetrennt.

(Text: Johannes Zwick [um 1541] 1545
Melodie: Johann Walter 1541)

Psalmgebet (aus Psalm 104)

1 Lobe den Herrn, meine Seele!
Herr, mein Gott, du bist sehr herrlich;
du bist schön und prächtig geschmückt.
2 Licht ist dein Kleid, das du anhast.
Du breitest den Himmel aus
wie einen Teppich;
3 du baust deine Gemächer über den Wassern.
Du fährst auf den Wolken wie auf einem Wagen
und kommst daher auf den Fittichen
des Windes,
4 der du machst Winde zu deinen Boten
und Feuerflammen zu deinen Dienern;
5 der du das Erdreich gegründet hast
auf festen Boden,
dass es bleibt immer und ewiglich.
6 Mit Fluten decktest du es
wie mit einem Kleide,
und die Wasser standen über den Bergen.
7 Aber vor deinem Schelten flohen sie,
vor deinem Donner fuhren sie dahin.
8 Die Berge stiegen hoch empor,
und die Täler senkten sich herunter
zum Ort, den du ihnen gegründet hast.
9 Du hast eine Grenze gesetzt,
darüber kommen sie nicht
und dürfen nicht wieder
das Erdreich bedecken.

10 Du lässest Wasser in den Tälern quellen,
dass sie zwischen den Bergen dahinfließen,
11 dass alle Tiere des Feldes trinken
und das Wild seinen Durst lösche.
12 Darüber sitzen die Vögel des Himmels
und singen unter den Zweigen.
13 Du feuchtest die Berge von oben her,
du machst das Land voll Früchte,
die du schaffest.
14 Du lässest Gras wachsen für das Vieh
und Saat zu Nutz den Menschen,
dass du Brot aus der Erde hervorbringst,
15 dass der Wein erfreue des Menschen Herz
und sein Antlitz schön werde vom Öl
und das Brot des Menschen Herz stärke.

Losung des Tages

Herrnhuter Losungen
Losung und Lehrtext für den Tag
(Hier kann evtl. die Kurzauslegung der Losung bzw. des Lehrtextes aus dem Buch »Licht und Kraft. Losungskalender« gelesen werden. Siehe Literaturhinweise, Seite 175)

Gebet

Herr, du lässt es Tag werden, dass er mich erfreue, ermutige und erfülle. Lass mich erfahren, dass du mir nahe bist. Nimm von mir alle Müdigkeit und Trägheit. Lass mich aufmerksam und offen auf die Menschen zugehen. Öffne meine Augen für die Wunder deiner Schöpfung und für die Menschen, die mich brauchen. Amen.

Vaterunser

Segensbitte

Möge der Herr mich segnen und behüten bei allem, was ich rede und tue. Auf allen Wegen sei mit mir, damit es mir gelingt, mit einem Lächeln und einem guten Wort den Menschen ein wenig Glück zu schenken.
(Gebet und Segensbitte von Seite 36)

Beispiel 3

Andacht am Abend eines Tages

Lied (EG 473,1-4)

1. Mein schönste Zier und Kleinod bist
auf Erden du, Herr Jesu Christ;
dich will ich lassen walten
und allezeit
in Lieb und Leid
in meinem Herzen halten.

2. Dein Lieb und Treu vor allem geht,
kein Ding auf Erd so fest besteht;
das muss ich frei bekennen.
Drum soll nicht Tod,
nicht Angst, nicht Not
von deiner Lieb mich trennen.

3. Dein Wort ist wahr und trüget nicht
und hält gewiss, was es verspricht,
im Tod und auch im Leben.
Du bist nun mein,
und ich bin dein,
dir hab ich mich ergeben.

4. Der Tag nimmt ab. Ach schönste Zier,
Herr Jesu Christ, bleib du bei mir,
es will nun Abend werden.
Lass doch dein Licht
auslöschen nicht
bei uns allhier auf Erden.

(Text: bei Johannes Eccard 1598
Melodie: Leipzig 1573, bei Seth Calvisius 1594)

Psalmgebet (Psalm 121)

1 Ich hebe meine Augen auf zu den Bergen.
Woher kommt mir Hilfe?
2 Meine Hilfe kommt vom Herrn,
der Himmel und Erde gemacht hat.
3 Er wird deinen Fuß nicht gleiten lassen,
und der dich behütet, schläft nicht.
4 Siehe, der Hüter Israels
schläft und schlummert nicht.
5 Der Herr behütet dich;
der Herr ist dein Schatten
über deiner rechten Hand,
6 dass dich des Tages die Sonne nicht steche
noch der Mond des Nachts.
7 Der Herr behüte dich vor allem Übel,
er behüte deine Seele.
8 Der Herr behüte deinen Ausgang
und Eingang
von nun an bis in Ewigkeit!

Losung des Tages

Aus Herrnhuter Losungen
Losung und Lehrtext für den Tag
(Hier kann evtl. die Kurzauslegung der Losung bzw. des Lehrtextes aus dem Buch »Licht und Kraft. Losungskalender« gelesen werden. Siehe Literaturhinweise, Seite 175)

Gebet

Mein Gott, lass meine Seele still werden, damit sie an diesem Abend und in dieser Nacht neue Kraft schöpfen kann. Ich danke dir für diesen anvertrauten Tag und für das Leben, das ich anderen weitergeben konnte. Alles lege ich in deine Hände, damit du die Menschen segnest. Amen.

Vaterunser

Segensbitte

Mögen in dieser Nacht alle Worte, die du in mein Herz gelegt hast, wie ein Samen aufgehen und zu blühen beginnen. Und mögen die Früchte meines Lebensbaumes dem Herrn, der mich ins Leben gerufen hat, gefallen.
Es segne uns und behüte uns Gott, der Vater, der Sohn und der Heilige Geist. Amen.
(Gebet und Segensbitte von Seite 43)

Gebete und Segenswünsche für den Morgen und den Abend

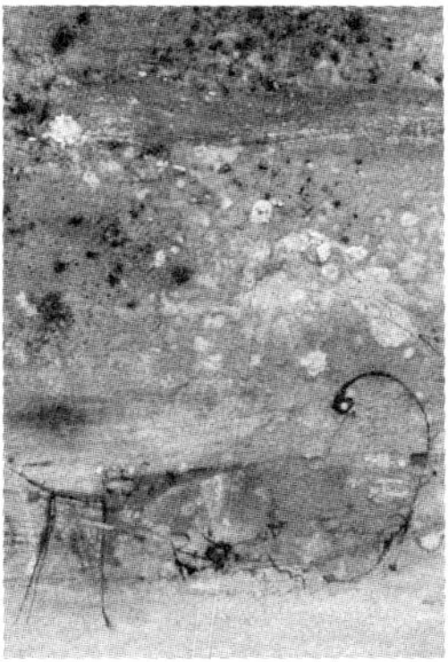

Die Gebete sind persönlich oder in Gemeinschaft vor dem Dienstbeginn, am Anfang und Ende von Sitzungen und Gruppengesprächen zu verwenden.

Gebet am Morgen

Herr, du lässt es Tag werden, dass er mich erfreue, ermutige und erfülle. Lass mich erfahren, dass du mir nahe bist. Nimm von mir alle Müdigkeit und Trägheit. Lass mich aufmerksam und offen auf die Menschen zugehen. Öffne meine Augen für die Wunder deiner Schöpfung und für die Menschen, die mich brauchen. Amen.

Segenswunsch

Möge der Herr mich segnen und behüten bei allem, was ich rede und tue. Auf allen Wegen sei er mit mir, damit es mir gelingt, mit einem Lächeln und einem guten Wort den Menschen ein wenig Glück zu schenken.

Gebet am Abend

Mein Gott, lass meine Seele still werden, damit sie an diesem Abend und in dieser Nacht neue Kraft schöpfen kann. Ich danke dir für diesen anvertrauten Tag und für das Leben, das ich anderen weitergeben konnte. Alles lege ich in deine Hände, damit du die Menschen segnest. Amen.

Segenswunsch

Möge hinter allem, was ich geredet und getan habe, immer dein Wille stehen. Behüte mich und die anderen in dieser Nacht und schenke uns ein frohes Erwachen am Morgen.

Gebet am Morgen

Mein Gott, geheiligt werde dein Name am Morgen dieses Tages. Du hast den Tag für mich geschaffen, damit ich ihn fülle mit den Gaben, die du mir gibst. Es ist der Sonne Licht und Wärme, die mich aufstehen lässt. Ich bitte dich um deinen Segen für all mein Reden, Handeln und Entscheiden. Gib mir dazu ein starkes Herz und einen fröhlichen Geist. Amen.

Segenswunsch

Möge es mir gelingen, mit einem Lächeln und mit freundlichen Worten ein wenig Glück denen zu schenken, die mir begegnen. Und mögen auch mir die Leute freundlich gesinnt sein.

Gebet am Abend

Heute, mein Gott, war ein Tag des Suchens und Fragens, der Hoffnung und der Erwartung. Ich komme und gehe immer unter deinem Schutz und Segen. Dieser Tag war wieder eine Reise auf einem Weg, dessen Ziel ich noch nicht erreicht habe. Aber du behütest mich in dieser Nacht, damit ich mich morgen wieder auf den Weg machen kann. Amen.

Segenswunsch

Möge der Herr mein Kommen und Gehen, mein Ruhen und Schlafen, mein Träumen und Hoffen, meine Gedanken am Abend und meine Lieder der Nacht segnen. Er behüte mich und dich vor Angst und Gefahr.

Gebet am Morgen

Am Morgen höre ich die Stimmen der Vögel und freue mich. So wie sie möchte ich auch meine Stimme zum Lobe Gottes erheben. Herr, lass mich leicht und zuversichtlich in diesen Tag gehen. Lehre mich die Kunst der kleinen Schritte, damit ich immer nach vorne blicken kann. Amen.

Segenswunsch

Möge dir das gelingen, was du dir vorgenommen hast. Lass dich nicht ablenken zu unrechtem Tun und Reden. Mögest du klare Erkenntnisse und verständliche Worte finden, durch die andere ihre eigene Aufgabe erkennen.

Gebet am Abend

Herr, ich danke dir, dass du mir gezeigt hast, wo ich den Sinn meiner Arbeit finde. Du hast mir Stärke verliehen, wo ich schwach werden wollte. Du hast mich vor Stolz und Hochmut bewahrt und mich auf den Weg der Bescheidenheit geführt. Du hast mich mit Gütern der Liebe gesegnet und gelehrt, wo ich großzügig sein soll. Amen.

Segenswunsch

Möge der Schlaf sich auf deine Lider senken und deine Sehnsucht nach dem himmlischen Vater gestillt werden. Gott möge dich in seine Arme nehmen, damit du nicht verloren gehst.

Gebet am Morgen

Herr, ich danke dir für die Ruhe der Nacht und für den hellen Morgen. Ich danke dir, dass du mich liebst und nicht allein lässt. Jede Stunde dieses Tages hat ihren eigenen Sinn, und jedes Wort, das ich spreche, soll aus der Liebe und Güte geboren werden. Zeige mir, was dein Wille ist. Amen.

Segenswunsch

Möge mein Herz weit werden, meine Gedanken frei, meine Worte wohltuend und mein Handeln großzügig sein. Mögen meine Hände behutsam sein und in ihnen die Kraft zu trösten und zu segnen ruhen.

Gebet am Abend

Du, mein Gott, hast mir durch dein Wort den Weg erhellt, meine Gedanken erleuchtet und mein Herz stark gemacht. Dein Wort ist schöpferisch und verwandelt meine Sinne. Dein Geist hat mich begeistert und gelehrt, was ich reden und tun soll. Behüte mich zum Erwachen am Morgen des neuen Tages. Amen.

Segenswunsch

Mögen in dieser Nacht alle Worte, die du in mein Herz gelegt hast, wie ein Samen aufgehen und zu blühen beginnen. Und mögen die Früchte meines Lebensbaumes dem Herrn, der mich ins Leben gerufen hat, gefallen.

Gebet am Morgen

Herr, jeder Morgen ist wie ein kleines Fest einer Auferstehung. Nach der Dunkelheit der Nacht leuchtet das Licht des Lebens. Ich darf wissen, dass alles Vergängliche und Endliche meiner Zeit von dir zur Ewigkeit verwandelt wird. Das ist das wahre Glück, das du für mich bereithältst. Danke! Amen.

Segenswunsch

Gott schenke dir einen heiteren Himmel über allem, was du gerne tust, und über den Dingen, die du liebst. Gottes Segen umgebe dich. Sein Licht erleuchte dich. Zufriedenheit fülle dich aus – heute und an jedem neuen Tag!

Gebet am Abend

Herr, ich danke für diesen Tag und für die kommende Nacht. Ich lege alles in deine Hände und vertraue dir mein und das Leben der Menschen an, denen ich heute dienen durfte. Lehre mich immer wieder von Neuem, einfach und schlicht zu bleiben. Gib mir die Wachsamkeit für den Tag deiner Wiederkunft. Amen.

Segenswunsch

Mögen mich, Herr, deine Liebe am Abend umfangen und deine Engel um mich sein. Mögen alle düsteren Gedanken weichen und mein Herz gelassen und zuversichtlich auf das Licht des Morgens warten. Christus bewahre und segne mich.

Gebet am Morgen

Mein Gott, ich danke dir für das Leben, das du mir an jedem Tag neu schenkst. Alles hat seine Zeit: der Morgen, der Mittag und der Abend. Arbeit und Entspannung, Lachen und Weinen, Planen und Ausführen, Reden und Schweigen. Und auch die Zuwendung zu den Menschen braucht meine Zeit und Liebe. Amen.

Segenswunsch

Mögest du heute die Gabe des Lebens und der Liebe von Neuem entdecken. Mögest du die Regungen und Sehnsüchte des menschlichen Herzens entdecken und verstehen. Und mögest du staunen über die vielen Farben der Schöpfung und des Lebens.

Gebet am Abend

Mein Gott, du hast mich eingeladen, mit den Worten meines Gebetes zu dir zu kommen. Heute an diesem Abend nenne ich dich Vater, weil du mich liebst. Ich kann dir alles sagen, was mich an diesem Tag bewegt und belastet hat. Du siehst in mein Herz und kennst meine Sehnsucht. Gib mir Hoffnung und Zuversicht. Amen.

Segenswunsch

Möge dich und mich der Herr behüten und die uns anvertrauten Menschen in dieser Nacht beschützen. Mögest du nicht vergessen, was er Gutes an dir und den armen und reichen, gesunden und kranken, behinderten, fröhlichen und traurigen Mitmenschen getan hat.

Gebet am Morgen

Herr, ich bitte dich um Geduld und Mut für den heutigen Tag. Ich weiß nicht, was er bringen wird. Ich will jedoch mit meiner kleinen Kraft versuchen, das zu tun, was notwendig ist. Ich weiß, dass jedes Wort der Ermutigung und jede helfende Tat ein wenig dazu beitragen, dass die Menschen nicht verloren sind. Amen.

Segenswunsch

Mögest du das Glück nicht in den Dingen dieser Welt suchen, sondern immer in den Augen des anderen Menschen. Du sollst achten auf den anderen, der auf deine Hilfe wartet. Gott segne deine Augen, deinen Mund, deine Hände und deine Gedanken.

Gebet am Abend

Herr, dieser Tag ist vergangen und die Nacht wird kommen. Ich danke dir, dass du mein Herz heute mit Liebe erfüllt hast, meine Sinne erneuert und mit der Kraft deines Geistes mir Beistand geleistet hast. Bewahre uns, Gott, und behüte uns in dieser Nacht vor Not und allen Gefahren. Amen.

Segenswunsch

Möge sich über dich und alle Menschen die Ruhe der Nacht wie ein bergendes Gewand legen. Möge die Wärme deiner Worte die Trauernden trösten, die Kranken aufrichten, die Verzagten und Hoffnungslosen ermutigen und die Sterbenden begleiten.

Gebet am Morgen

Mein Gott, ich danke dir von Herzen, dass du dich allen Menschen mit deiner Liebe und Güte zuwendest. Voraussetzung dafür ist nicht unsere Leistung, sondern deine Gnade. Nicht der Erfolg nach den Maßstäben unserer Gesellschaft, sondern die Demut unseres Herzens, mit der wir das tun, was dein Wille ist. Amen.

Segenswunsch

Mögest du immer auf die Stimme im Gewirr unserer Zeit achten, die dir sagt, was für dich und die anderen notwendig ist. Mögen sich in deinem Herzen Liebe und Achtsamkeit für den anderen entfalten und in deiner Seele immer stärker die Liebe zu Gott wachsen.

Gebet am Abend

Gott, ich danke dir, dass du mir heute die Augen für das Wesentliche meines Lebens und des Lebens anderer geöffnet hast. Ich bin nicht an den nutzlosen Zufälligkeiten hängen geblieben und wurde nicht von den angeblich so wichtigen Geschäften aufgehalten. Ich habe meine Liebe denen geschenkt, die so sehr auf ein Zeichen der Zuwendung gewartet haben. Lass mich immer auf dem Weg zu dir sein. Amen.

Segenswunsch

Möge dich dein Weg immer zu dem Ziel führen, das Gott dich finden lassen will. Möge am Ende eines Tages der Engel des Herrn zu dir treten und dich in dieser Nacht vor allen bösen und dunklen Mächten bewahren. Und mögest du am Morgen wieder fröhlich aufstehen und an die Arbeit gehen.

Gebet am Morgen

Herr, ich will daran denken, dass ich heute nicht alles auf einmal schaffen kann. Ich vertraue darauf, dass du meine kleine Kraft stärkst und mir den Geist der Besonnenheit gibst. Mache mich frei von dem Zwang der eiligen Schritte und schenke mir die Gelassenheit, das Notwendige und Wichtige für mein und das Leben der anderen zu erkennen. Amen.

Segenswunsch

Möge der Segen des Himmels, der auf Erden Frieden schafft, deinen Tag gestalten. Möge vom Aufgang der Sonne bis zu ihrem Untergang der Herr dein Leben reich beschenken.

Gebet am Abend

Mein Gott, manchmal komme ich an meine Grenzen. Meine Kraft reicht nicht, um das gewünschte Ziel zu erreichen. Ich danke dir, dass du mich aber trotzdem immer wieder erfahren lässt, dass du größer bist als mein verzagtes Herz. Und weil du mich ansiehst, bin ich ein gesegneter Mensch. Amen.

Segenswunsch

Der Herr möge dein unruhiges Herz und deine verwirrten Gedanken in dieser Nacht zur Ruhe kommen lassen. Er wird dir den Schlaf für die Seele senden, damit du am Morgen neue Kraft zum Leben hast. So segne dich der Herr!

Gebet am Morgen

Herr, wenn der Tag anbricht, kann ich die Schatten der Nacht hinter mir lassen. Du kleidest mich mit Licht und gibst meiner Seele Freude. Behüte mich an diesem Tag vor allen Gefahren und gib mir ein tapferes Herz. Lass mich erkennen, dass keine Lage aussichtslos ist, wenn du bei mir bist. Amen.

Segenswunsch

Möge dieser Tag unter dem Segen Gottes stehen. Möge das Licht des Himmels dich erleuchten, damit dir das gelingt, was dir und deinem Nächsten zum Leben hilft. Und denke daran, wie oft Gott dir schon geholfen hat. Vergiss nicht, was er dir Gutes getan hat.

Gebet am Abend

Gott, ich danke dir, dass du alles mit der Ordnung der Liebe geschaffen hast. Du hast mir gezeigt, was Leben bedeutet, wenn es von deiner Liebe getragen wird. Deine Liebe hat mir heute Kraft gegeben, Geduld und Freundlichkeit zu bewahren. Nun gib, dass die Ruhe der Nacht mir Leib und Seele stärkt. Amen.

Segenswunsch

Möge der Herr auf alle, die traurig und einsam sind, die sich benachteiligt fühlen und an Leib und Seele leiden, seine gütige Hand legen. Er wende uns sein Gesicht zu, damit wir sehen und spüren, dass er uns liebt. Möge uns das alles im Schlaf bis zum Morgen begleiten.

Gebet am Morgen

Herr, immer wieder gibst du der Erde ein neues Gesicht. Am Morgen säst du dein Wort wie einen Samen in mein Herz, damit es aufgehe und in meinem Leben Frucht trage. Ich öffne meine Augen und sehe hinter der Sonne das Licht deines Himmels. Ich halte meine leeren Hände dir entgegen, damit du sie füllst. Darum bitte ich dich. Amen.

Segenswunsch

Mögest du die Wärme der Sonne, das frische Wasser der Quelle, das Blau des Himmels, die Glut aus dem Feuer und den leichten Wind in den Bäumen auf deiner Haut spüren. Alles belebe dich wie am ersten Tag und wecke in dir die Freude und Dankbarkeit am Leben.

Gebet am Abend

Herr, ich danke dir für den Tag, den du mir wieder mit der Fülle des Lebens geschenkt hast. Wenn auch manches schwer zu tragen war und ich meine Schwäche fühlte, so war dennoch ein Leuchten in allem, und das hat mich glücklich gemacht. Ich danke dir, mein Gott! Amen.

Segenswunsch

Gott gebe dir zwischen heute und morgen die Freiheit des Lebens. Zwischen Ruhen und Wachen, zwischen Suchen und Finden schenke er dir immer einen Augenblick der Zeit, die niemals vergeht.

Gebet am Morgen

Herr, unser Leben ist ein Werden und Vergehen, ein Kommen und Gehen, ein Suchen und Finden. Und es ist immer eine Fahrt aus dem Hafen ins offene Meer. Ich darf am Morgen dieses Tages in die Weite deiner Schöpfung blicken und immer wieder neu das Wunder des Lebens erfahren. Du hast mich berufen, dabei zu sein und mitzugestalten, was du einst vollenden wirst. Amen.

Segenswunsch

Möge der Herr in mir die Hoffnung auf das Gute und Schöne wecken, auf das Friedliche und Geheimnisvolle, auf Begegnungen, die mich ermutigen. Ich vertraue darauf, dass du diese Welt nicht aufgibst und uns Menschen nicht allein lässt. Dein guter Geist möge uns leiten.

Gebet am Abend

Mein Gott, du hast mein Herz verwandelt durch deine überströmende Liebe. Du hast meinen Egoismus überwunden und mich die Liebe zum Nächsten gelehrt. Ich habe mich gesorgt um Kleine und Große, die alle deine geliebten Kinder sind. Ich danke dir, dass du mir dazu Kraft, Geduld und Hingabe verliehen hast. Amen.

Segenswunsch

Möge Gott in uns die Liebe wachsen lassen wie eine Blume auf dem Feld und wie einen Baum, der an den Wassern gepflanzt ist. Möge meine Liebe wie eine Blume aufgehen zur Freude des anderen. Und möge meine Liebe wie Brot zum Leben werden.

Gebete für Gremien und Gemeindekreise

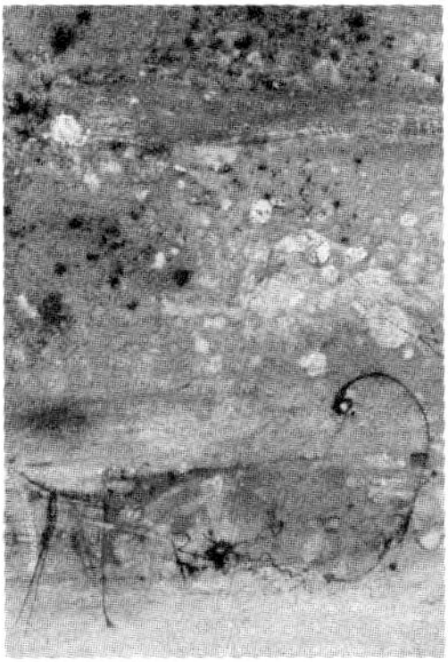

Kirchenvorstand

Beginn einer Kirchenvorstandssitzung

Herr, unser Gott, wir sind hier zusammengekommen als Kirchenvorsteherinnen und Kirchenvorsteher (Presbyterinnen und Presbyter). Segne unsere Beratungen mit deinem heiligen Geist. Mögen unsere Entscheidungen und Überlegungen davon geleitet sein, dass wir dich und deine Liebe in der Welt und voreinander bezeugen. Sei mit uns in dieser Sitzung und schenke uns gute Einfälle für die Arbeit in unserer Gemeinde. Amen.

Ende einer Kirchenvorstandssitzung

Lieber Gott, nach all unserem Nachdenken, Argumentieren, Diskutieren, Beraten und Entscheiden legen wir das Gelingen unserer Arbeit in deine Hände. Du bist derjenige, um den letztlich all unsere Gemeindearbeit kreist. Dir und den Menschen in deiner Gemeinde wollen wir mit unserem Wirken als Kirchenvorsteherinnen und Kirchenvorsteher (Presbyterinnen und Presbyter) dienen. Segne diese Arbeit hier in unserer Gemeinde und segne uns und alle, die sich für deine Kirche einsetzen. Amen.

Vor schwierigen Entscheidungen

Gott, unser Vater und Herr unserer Gemeinde, du weißt, vor welch schwierigen Aufgaben und Entscheidungen wir stehen. Wir tragen schwer an der Verantwortung für unsere Gemeinde. Lass uns in Ruhe und mit klarem Blick die verschiedenen Seiten betrachten und die Auswirkungen unserer Entscheidungen bedenken. Lass uns unsere Entscheidung mit Respekt voreinander und in der Verantwortung vor dir treffen. Sei mit uns mit deinem Segen. Amen.

Zur Vorbereitung auf den Gottesdienst

Allmächtiger Vater im Himmel, wir sind hier als deine Diener versammelt, die den Gottesdienst in deinem Namen gestalten wollen. Wir danken dir, dass du in Wort und Sakrament unter uns sein wirst. Wir verkündigen dein Wort und die Botschaft deines Sohnes Jesus Christus. Wir singen dir Lob und Ehre und kommen vor dich mit unserem Gebet. Sei du bei uns und erfülle die Herzen deiner Gläubigen mit der Glut deines Heiligen Geistes. Verwandle unsere Herzen und Sinne mit deiner Liebe und Barmherzigkeit. Amen.

Vorbereitung im Gebet

Wir sind hier versammelt, um diesen Gottesdienst im Namen des Vaters, des Sohnes und des Heiligen Geistes zu feiern. Wir bitten dich, du Schöpfer des Lebens, lass uns mit reinen Gedanken und offenen Herzen zu dir treten. Heute an diesem Morgen ist der anbrechende Tag ein Hinweis auf den Ostermorgen, an dem du, Jesus Christus, auferstanden bist. Sei du unter uns, wie du damals unter deinen Jüngern warst. Komm, Heiliger Geist, und erleuchte uns mit dem Licht der göttlichen Gnade. Bereite uns für diesen Gottesdienst mit deinem Segen vor, auf dass wir ihn weitergeben und von ihm getragen werden. Wir warten auf dein Kommen. Amen.

Gebet nach dem Gottesdienst

Herr, wir danken dir, dass du uns nahe warst und uns mit deinem Wort getröstet, ermutigt und verwandelt hast. Wir danken dir für die Gemeinschaft mit der singenden und betenden Gemeinde. Für Brot und Wein, mit denen du uns in unserem Glauben gestärkt hast. Wir danken dir für dein Wort, das wieder zum Licht auf unserem Wege wird. Wir danken dir, dass du uns mit deinem Segen in die Welt sendest, um dort als deine Jünger zu leben und zu dienen.
Gib, dass etwas Licht durch unser Reden und Handeln in diese Welt kommt. Herr, wir bitten dich, bleibe bei uns bis zum Ende der Zeit. Amen.

Frauenkreis

Lieber Gott, wir freuen uns, dass wir heute die Gelegenheit haben, uns hier zu treffen. Schenke uns eine gute Zeit miteinander. Begleite du unser Zusammensein. Schenke uns Entspannung, neue Einsichten und hilfreiche Impulse für unseren Alltag. Sei du bei uns. Amen.

Männerkreis

Herr, unser Gott, neben allen Belastungen im Beruf und den vielfältigen Anforderungen des Alltags nehmen wir uns Zeit für eine Auszeit, für ein Kontrastprogramm. Schenke uns interessante Themen und gute Gespräche während unseres Zusammenseins. Schenke uns dann und wann einen neuen Blickwinkel auf Dinge, die allzu gegeben und selbstverständlich erscheinen. Inspiriere du unser Leben. Amen.

Seniorenkreis

Guter Gott, wir danken dir dafür, dass wir uns heute hier treffen dürfen. Diese Stunden sind eine willkommene und ersehnte Abwechslung vom manchmal ach so eintönigen Alltag. Es ist schön, hier bekannte und vertraute Menschen zu sehen und Gelegenheit zu haben, zusammen zu sein und sich auszutauschen. Sei du bei uns und schenke uns einen abwechslungsreichen und kurzweiligen Nachmittag. Amen.

Kindergottesdienstvorbereitungskreis

Lieber Gott, wir sind hier, um die nächsten Kindergottesdienste vorzubereiten. Berühre uns mit den Geschichten, die es zu erzählen und zu vermitteln gilt. Schenke uns gute Ideen für eine kreative Umsetzung, die den Kindern Freude macht und ihnen hilft, dein Wort zu verstehen. Schenke uns, dass sich unsere Vorbereitung lohnt und die Kinder gerne zu uns in den Kindergottesdienst kommen. Segne unsere Arbeit an den Kindern und an deiner Gemeinde. Amen.

Besuchsdienstkreis

Lieber Gott, wir treffen uns, um unsere Besuche in der Gemeinde vorzubereiten. Kranke, Alte, Neuzugezogene, Menschen, die Geburtstag feiern, wollen wir im Namen der Gemeinde besuchen. Manche warten auf unseren Besuch, freuen sich darüber und wollen uns kaum wieder weggehen lassen. Andere reagieren reserviert, vielleicht sogar abweisend. Lass uns die richtigen Worte finden in den unterschiedlichsten Situationen, die uns erwarten. Begleite du uns, unseren Dienst und diejenigen, die wir besuchen, mit deinem Segen. Amen.

Jugendgruppe

Vorbereitungstreffen der Helferinnen und Helfer

Guter Gott, als Helferinnen und Helfer in der Jugendarbeit sind wir zusammengekommen, um die nächsten Treffen vorzubereiten. Schenke uns gute Ideen für eine spannende und abwechslungsreiche Jugendarbeit. Du weißt, wie schwer die Jugendlichen heute oftmals zu erreichen sind. So viele andere Angebote und Freizeitgestaltungsmöglichkeiten schreien lauter als wir und wirken attraktiver. Schenke uns die richtige Art, die Jugendlichen für die tiefen Fragen des Lebens und des Glaubens ansprechbar zu machen. Segne uns und unsere Arbeit und die uns anvertrauten Jugendlichen. Amen.

Ökumenischer Arbeitskreis

Unser Gott, gemeinsam bringen wir unser Gebet vor dich. Wir kommen aus unterschiedlichen Glaubenstraditionen mit unseren ganz spezifischen Prägungen. Wir haben uns gemeinsam auf den Weg gemacht, um über den eigenen Tellerrand hinauszuschauen und den anderen besser kennenzulernen. Hilf uns, unsere verschiedenen Traditionen als Reichtum zu erfahren, und schenke uns die Offenheit und Freiheit, um voneinander lernen zu können. Manches, was zu Anfang fremd und ungewohnt erscheint, kann mit der Zeit den eigenen Glauben bereichern und erweitern. Wir danken dir für die Möglichkeit, als Brüder und Schwestern miteinander auf dem Weg zu dir zu sein. Segne unsere Gemeinschaft. Amen.

Gebet von Erzieherinnen und Erziehern zu Dienstbeginn

Guter Gott, ein neuer Tag meines Dienstes im Kindergarten wartet auf mich. Lass mich ihn mit Freude an meiner Arbeit beginnen. An manchen Tagen geht mir die Arbeit leicht von der Hand, an anderen scheinen sich alle kleineren und größeren Katastrophen gegen mich verschworen zu haben. Hilf mir, den vor mir liegenden Tag mit seinen Freuden und mit seinen Mühen gut zu bestehen. Lass mich jedes Kind als von dir geliebtes Geschöpf sehen und annehmen. Lass mich jedem Kind mit seinen jeweiligen Gaben und Bedürfnissen gerecht werden und es entsprechend fördern, fordern und in seiner Entwicklung unterstützen. Hilf mir, deine Liebe zu jedem Menschenkind spürbar werden zu lassen. Amen.

Zu Beginn einer Chorprobe

Lieber Gott, mit einem kurzen Gebet wollen wir unsere Chorprobe beginnen. Wir freuen uns auf das gemeinsame Singen, auf neue und wohlvertraute und geliebte Stücke. Hilf uns, den rechten Ton zu treffen – hier beim Singen und auch sonst im Leben. Amen.

Vor einem Auftritt

Lieber Gott, wir haben geprobt, uns angestrengt und neue Stücke einstudiert. Nun wollen wir das Ergebnis unserer Mühen präsentieren. Vielleicht haben wir ein wenig Lampenfieber, ob alles so klappt wie geübt und erhofft. Sei du bei uns, wenn wir gleich zu deiner Ehre singen. Lass etwas von unserer Begeisterung auf die Zuhörenden überspringen. Schenke uns und den Zuhörern Freude an der Musik. Amen.

Gebete für Mitarbeitende auf Reisen, Freizeiten, Rüstzeiten

Vor der Reise

Herr, wir alle sind wie Pilger auf dem Weg. Wollen wir unser Ziel erreichen, müssen wir uns auf den Weg machen. Manchmal kennen wir den Weg und fühlen uns sicher. Aber oft wissen wir nicht, was uns auf diesem unbekannten Weg entgegenkommt und begegnet. Wir brauchen dazu treue und verlässliche Begleiter, die an unserer Seite gehen. Darum bitten wir dich, wenn wir aufbrechen, sei du mit deinem Segen bei uns und beschütze uns auf unserer Reise und behüte die, die zu Hause geblieben sind. Möge uns immer dein Licht die Wege erhellen, damit unsere Füße nicht an einen Stein stoßen und wir nicht den richtigen Weg verlieren. Schenke uns deine Gnade und deinen Segen für unsere Reise. Und lass uns auch wieder gesund und glücklich nach Hause kommen. Amen.

Freizeiten und Ferienreisen

Herr, wir machen uns mit anderen auf den Weg, um eine bestimmte Zeit gemeinsam unterwegs zu sein. Es ist eine Gemeinschaft, die unser Leben wieder mit bunten Farben neu und voller Ideen gestalten kann. Wir wissen, dass es eine begrenzte Zeit ist, aber wir werden diese Zeit so gut wie möglich gestalten. Wir sind wie Pilger auf der Reise. Vor uns liegt ein Ziel, das wir erreichen wollen. Zugleich ist diese Zeit ein Sinnbild für unsere Lebensreise, die letztlich immer eine Reise zu Gott ist. Darum ist es wichtig, dass wir auf dieser Reise auch deinen Segen erhalten, der uns sicher führt. Amen.

Rüstzeiten

Mein Gott, es ist gut, dass wir immer wieder auch Zeiten haben, in denen wir zur Ruhe kommen und in der Stille des Gebets und der Andacht unsere Seele neue Kraft schöpfen kann. Wir danken dir, dass wir uns auch auf das Wesentliche besinnen können. Wir lernen Neues und bekommen neue Erkenntnisse und Erfahrungen für unsere Arbeit. Wir blicken nicht zurück, sondern merken im Voranschreiten, wie sich die Dinge verändert haben. Herr, wir bitten dich, lehre uns das, was unserem Leben und unserer Arbeit dient und dem Ganzen einen Sinn verleiht. Amen.

Gebete für Mitarbeitende in Diakonie, Caritas und sozialen Diensten

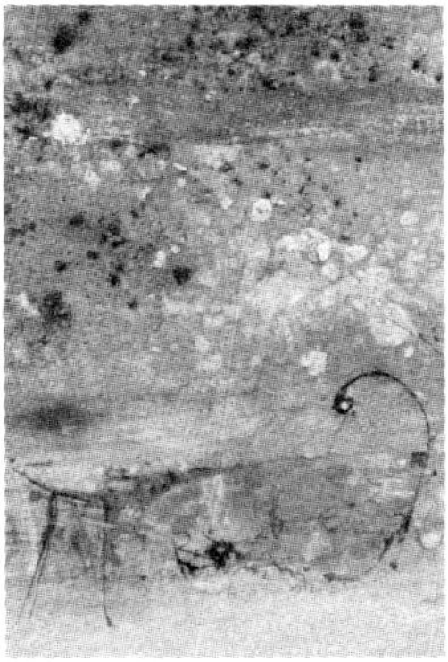

Gebete für Diakonissen, diakonische Schwestern und Brüder und für die mit dem kirchlichen Amt der Diakonie beauftragten Frauen und Männer

Mein Gott, ich danke dir für deine Gnade und Güte über meinem Leben. Du hast mich berufen in den Dienst der Liebe zu allen Menschen, die der Zuwendung, der Liebe und des Rates bedürfen. Ich habe mein ganzes Leben diesem Dienst gewidmet, mit allen Kräften des Leibes, der Seele und des Geistes. Gib mir auch weiterhin für meine Seele Gewissheit und Segen, damit ich an jedem neuen Tag deine große Liebe empfangen kann. Amen.

Herr Jesus Christus, durch dein Leiden, Sterben und Auferstehen hast du mich erlöst aus allen dunklen Schatten dieser Welt. Ich sehe das Licht des Himmels und darf es weitergeben mit Herzen, Mund und Händen. Du stärkst meine Seele, wenn ich zu deinem Tisch komme und unter Brot und Wein deine Gegenwart erfahren darf. Ich bin gesegnet, weil ich durch das Zeichen des Kreuzes und durch dein Wort immer wieder neue Kraft zum Leben und Dienst in deinem Namen empfange. Amen.

Allmächtiger Gott, der du Himmel und Erde geschaffen hast, der du es Tag und Nacht, Abend und Morgen, Frühling und Sommer, Herbst und Winter werden lässt, ich danke dir für jeden neuen Tag. Denn jeder Morgen ist zugleich auch die Zeit der Auferstehung unseres Herrn Jesus Christus. Jeder Morgen erinnert uns daran, dass wir zu denen gehören dürfen, die mitten in dieser Welt der Schatten und des Todes schon das Bild des neuen Lebens in sich tragen. Wir gehen in deinem Namen in diesen Tag und bitten dich um deinen Segen für unser Reden und Handeln. Amen.

Herr, du hast uns gelehrt, was es heißt zu beten. Wir beten so wie du zu dem Vater im Himmel. Wir wenden unser Herz und unsere Sinne ganz auf dich, damit nichts Unnützes und Verwirrendes uns an unserem Dienst hindert. Gib uns ein starkes Vertrauen und den Mut, der die Not der Menschen erkennt und zupackend handelt. Amen.

Ewiger Gott, wir beten dich an in der Einheit mit deinem Sohn und dem Heiligen Geist. Du hast dich offenbart als Schöpfer unserer Welt und des ganzen Kosmos. Du hast uns mit dem Geist des Lebens beseelt und uns zu deinen Kindern berufen. Du hast uns in deinem Sohn Jesus Christus erlöst zu einem Leben im Dienst am Menschen. Du hast uns erfüllt mit den feurigen Flammen deines Geistes, der uns erleuchtet, stärkt und zur Hingabe an das Leben ruft. Wir bitten dich um deinen Segen. Amen.

Herr, es ist ein großes und wunderbares Geschenk, dass wir in deinem Dienst am Altar und in der Welt stehen dürfen. Du gewährst uns die Gnade, mit der Berufung und der Beauftragung zum diakonischen und seelsorgerlichen Dienst den Menschen zu dienen. Du gibst uns dazu das Wort der Versöhnung und des Trostes, die Gebärde und Handreichung zur helfenden Tat, die Freude des Geistes, der entzündet, heiligt und verwandelt. Wir bitten dich, verleihe uns die Gabe der Beständigkeit und der Ausdauer, der Geduld und des Wartens auf deine Wiederkehr. Amen.

Herr, du hast uns durch das Zeichen der Fußwaschung ein Sakrament der Diakonie gegeben. Es ist der Dienst im Knien vor dem, der unserer Zuwendung und Liebe sichtbar und fühlbar bedarf. Du zeigst uns den Zusammenhang zwischen der Feier des Mahles mit dir und der Aufforderung zum Dienst am Nächsten. Zum Altar gehen wir und werden von dir in die Welt gesandt. Und wir kehren wieder von Neuem zurück, um durch Wort und Brot und Wein gestärkt und bevollmächtigt zu werden für unseren Dienst in der Welt. Amen.

Mein Gott, ich arbeite gerne im Bereich der diakonischen Arbeit. Ich fühle mich gerufen durch dein Wort, durch dein Leben, vor allem aber durch deine Auferstehung zum neuen und verwandelten Leben. Alles auf dieser Erde hat seine Zeit und Stunde. Kommen und Gehen, Werden und Vergehen. Aber ich darf in der Gewissheit leben und wirken, dass du das Ziel meiner Reise bist. Amen.

Herr, über allem unserem Reden und Tun steht die Liebe. Deine Liebe zu uns und unsere Liebe zu dir. Deine Liebe zu den Menschen und unsere Liebe zu den Nächsten. Auch wenn wir die Sprache beherrschten, alle Geheimnisse wüssten und unser Geist alle überragte: Wenn wir die Liebe nicht haben, ist dies alles wertlos. Wenn die Liebe unser Herz besitzt, dann strahlen unsere Augen, und der andere spürt auf einmal die Wärme und das Licht göttlicher Gnade. Amen.

Mein Gott, wie armselig und unvollkommen mein Leben auch manchmal sein mag, nimm es an und wandle es in Segen. Nichts bleibt dir verborgen, nicht das kleinste und unscheinbarste Zeichen, der Augenblick einer stillen Zwiesprache und die flüchtige Berührung der Hände. Ich weiß, Gott, du hast viele Kleider, mit denen du mich umhüllst. Einmal ist es vielleicht das Kleid des Bettlers, ein andermal das Gewand eines Königs. Aber immer bin und bleibe ich dein geliebtes Kind. Ich erhebe mein Gesicht zu dir und erwarte den Blick deiner Zuwendung. Das macht mich glücklich und großzügig in meinem Herzen und in meinen Taten. Amen.

Herr, lehre mich jeden Tag von Neuem, was dein Wille ist und was ich in deinem Namen zu tun habe. Und nach eines jeden Tages Herausforderung und Nöten gib mir, Herr, die Klarheit des Gewissens und die Zuversicht eines glaubenden Herzens. Sende deinen Geist, der mich lehrt und erleuchtet für das unbedingt Notwendende. Öffne meine Ohren, damit ich deine Stimme vernehme, und meine Augen, damit sie deine Zeichen sehen. Erneuere mein Herz und verleihe mir einen festen und belebenden Geist. Lehre mich, was meinem und dem Leben meines Nächsten zum Besten dient. Amen.

Mein Gott, du bist mir nahe und ich höre deine Stimme. Sprich nur ein Wort, dann öffnet sich mein Herz und meine Seele wird wieder gesund. Ich gehe an den Ort, wo du im Licht der Gnade, der Barmherzigkeit und im Wort der Versöhnung erscheinst. Ich betrete dein Haus der Anbetung und des Lobgesangs, des Schweigens und der ehrfurchtsvollen Verehrung deiner Größe und Macht. Ich komme mit leeren Händen und hoffe, dass du sie füllst mit den Gaben des Lebens in Ewigkeit. Amen.

Herr, du hast mich gerufen, für die Menschen da zu sein, die in die Lebensphase des Älterwerdens eintreten. Ich benötige dazu Kraft, Geduld, Liebe, Freundlichkeit und Verständnis für die Fragen und Ängste dieser Menschen. Vieles ist für sie nun anders: Das Leben ist langsamer geworden, die Kräfte haben nachgelassen, die Sinnesorgane sind nicht mehr so stark und die Einstellungen zum Leben und für die Zukunft sind skeptischer und ängstlicher geworden. Doch ich weiß, dass du für alle, ob jung oder alt, die jeweilige Freude am Leben bereithältst. Diese möchte ich den anderen weitergeben. Amen.

Herr, lehre uns bedenken, dass auch wir im vorgegebenen Rhythmus des Lebens von Jugend und Alter, von Werden und Vergehen, von Lachen und Weinen leben. Jede Altersstufe hat ihren Sinn und ihre Erfüllung. Gib uns Vertrauen und Zuversicht, gepaart mit Humor, damit andere auch etwas zu lachen haben. Denn am Ende aller unserer Tage steht die wunderbare Erfahrung, dass wir zum Leben bei dir auferstehen werden. Amen.

Mein Gott, es ist nicht immer leicht, mich mit einem fröhlichen Gesicht einem Menschen zuzuwenden, der düstere und dunkle Gedanken trägt. Vielleicht hat die Freude nur kurz sein Haus verlassen. Es wäre schön, wenn es mir gelänge, ein wenig Heiterkeit in seine Seele zu bringen. Darum bitte ich dich um die Gabe der ansteckenden Freude und Hoffnung. Amen.

Herr, ich sehe, wie die Kräfte eines Menschen schwinden und wie seine Schritte schwerer und langsamer werden. Ich spüre den Schmerz, den viele dabei erleiden. Es fällt ihnen nicht leicht, sich mit dem Altwerden abzufinden. Der Verstand nimmt es wahr, aber das Herz hält damit nicht Schritt. Herr, gib mir und ihnen die Einsicht, dass alles seine Zeit hat. Jetzt und in Ewigkeit. Amen.

Herr, du hast uns geschaffen mit allen unseren Sinnen.
Wir können sehen, hören, fühlen, riechen und schmecken. Wie schön ist die Rose anzusehen, und ihr Duft verwandelt unsere Sinne. Dazu kommen Denken und Erinnern, Reden und Schweigen. Aber ich habe auch täglich mit Menschen zu tun, deren Gedächtnis und Erinnerungen immer weniger werden. Doch sie alle sind deine geliebten Kinder, die du mir anvertraut hast. Ich bitte dich um die Gabe der geduldigen Zuwendung, der beruhigenden Worte und der Geborgenheit durch Liebe. Amen.

Mein Gott, ich lebe in einer Gesellschaft, die das Leben oft sehr einseitig bewertet. Jung, gesund, schön und erfolgreich sind die Maßstäbe dafür. Was jenseits dieser Vorstellungen liegt, stört den Lebenskonsum. Herr, lehre mich, dass du ganz andere Maßstäbe hast. Jeder, ob jung oder alt, gesund oder krank, erfolgreich oder gescheitert, ist bei dir lebens- und liebenswert.
Hilf, dass durch meinen Dienst erkennbar wird, dass der Wert eines Menschen nicht vom Erfolg in dieser Welt abhängt. Du hast ihn erschaffen und du liebst ihn – trotz aller seiner Schwächen und Fehler. Du wirst jeden zu dem Ziel führen, das im Himmel liegt. Amen.

Herr, ich begreife, dass auch ich älter und schwächer werde. Es ist der natürliche Lauf meines Lebens. Und wenn ich mich um ältere Menschen sorge, dann darf ich nie vergessen, dass sie ihre eigene Würde haben. So wie auch ich eines Tages erwarte, dass man mir mit Achtung begegnet. Herr, du hast in eines jeden Menschen Herz den Keim zum ewigen Leben gelegt. Er möge aufbrechen, wenn du in der letzten Stunde uns als Auferstandener begegnest. Amen.

Mein Gott, in deinen Händen liegt meine Zeit. Du hast sie mir anvertraut wie ein wertvolles Geschenk. Dafür danke ich dir von Herzen. Viele haben diese Zeit aus deinen Händen empfangen und wissen doch nicht, wem sie das zu verdanken haben. Und wenn das Leben dem Ende zugeht, dann kommt oft das ängstliche Erwachen. Dann gib mir, Herr, rechte Worte und helfende Hände. Bleib du mir zugewandt und schenke mir den Frieden des Herzens und die Erlösung meiner Seele. Amen.

Arzt / Ärztin

Mein Gott, der du die Menschen erschaffen hast, du willst, dass ich mich um die Kranken und Leidenden verantwortlich sorge. Ich habe gelernt, Krankheiten zu erkennen und zu heilen. Auch wenn es nicht immer gelingt, so soll ich doch stets bemüht sein, das Beste für den Patienten zu erreichen. Ich habe mich lange darauf vorbereitet und mich nun zur uneingeschränkten Hilfe verpflichtet. Ich kenne die Grenzen der Medizin und weiß, dass noch vieles nicht so erforscht wurde, um für bestimmte Krankheiten eine Heilung zu bringen.
Herr, du kennst meinen Alltag, meine Belastungen und die oft auch riskanten Situationen. Auch meine Ängste kann ich vor dir nicht verbergen. Darum bitte ich dich um einen klaren Blick und um eine zutreffende Diagnose – und inmitten von Pharmazie und Technik um ein menschliches Herz. Amen.

Herr, du siehst den Menschen in seiner Ganzheit. Nicht nur seine Seele, sondern auch sein Leib und Geist bedürfen der Heilung, weil deine Schöpfung immer noch nicht vollendet ist, sondern im Werden sich befindet. Eines Tages, wenn es dein Wille ist, wird das Unvollendete vollendet werden.
Herr, ich danke dir, dass du mich berufen hast, daran ein wenig mitzuarbeiten. Du verleihst mir Fähigkeiten und Inspiration, Durchhaltevermögen und die Sorge um den ganzen Menschen. Es ist mir bewusst, dass vieles nur zeitlich gelingt, aber jede neue Stunde, jeder neue Tag mit dem Aufgang der Sonne und mit ihrem Untergang ist ein Geschenk für den Genesenden. Amen.

Gott, ich danke dir für die vielen neuen technischen und pharmazeutischen Erfindungen, die meine Arbeit erleichtern. Sie bedeuten für manche Rettung und Bewahrung vor chronischen Krankheiten. Sie können Schmerzen lindern und oft auch ein würdiges Sterben ermöglichen. Herr, du hast mich zum Heilen berufen. Gib mir eine nie nachlassende Achtsamkeit für das, was für den jeweiligen Patienten richtig ist. Ich bitte dich um diese Kraft. Amen.

Herr, heute ist so ein Tag, an dem ich wieder von Neuem alle meine Kräfte sammeln muss, um zu bewältigen, was mir aufgetragen ist. Ich fühle mich erschöpft, aber ich habe meinen Dienst zu leisten. Nicht, dass ich verzage, aber meine Seele braucht neue Impulse und Inspirationen. Darum, mein Gott, bitte ich dich um einen wachen Geist, ein unverzagtes Herz, ein gutes Auge und um die Spannkraft meiner Bewegungen. Und möge die Zusammenarbeit mit meinen Kolleginnen und Kollegen, den Schwestern und Pflegern zum Wohle der Patienten gelingen. Amen.

Herr, es ist gut, dass ich nicht alleine hier im Krankenhaus arbeite. Alle, die mit mir arbeiten, sind dem gleichen Ziel verpflichtet: der Heilung der Kranken. Nur miteinander mag uns unsere Arbeit gelingen. Darum bitte ich dich, sei bei uns in unseren Gesprächen, Vorbereitungen und Handlungen mit deinem guten Geist und deiner helfenden Nähe. Du wirst nicht den Geist der Angst zulassen. Gib uns den Geist der Kraft, der Liebe und Besonnenheit. Und wenn es dein Wille ist, wird uns das Werk gelingen. Amen.

Herr, wenn wir dir nicht vertrauen, stehen wir auf schwankendem Boden. Nicht allein unsere eigene Kraft reicht aus, sondern auch die Kraft, mit der du uns ausrüstest. Wir werden alles daransetzen, was in unserer Macht steht, den Kranken Linderung und Heilung zu geben. Lass alles, was wir tun, nicht vergeblich sein. So legen wir alles in deine Hände. Dein heiliger Engel sei mit uns. Amen.

Krankenschwestern und Pfleger

Krankenschwester allgemein

Herr, ich danke dir, dass ich dir in den Kranken und Leidenden dienen und helfen kann. Es sind jene Menschen, die du uns insbesondere anvertraut hast. Du hast dich dem Einzelnen zugewandt, dein Blick erfasste alle Nöte, die einem Menschen das Leben schwer machen und die Hoffnung rauben können. So hast du auch mich auf den Weg geschickt. Auf die Station, in den Operationssaal. Oder als Hebamme zu dem immer wieder neuen und unfassbaren Wunder der Geburt eines neuen Lebens. Ja, Herr, es sind deine geliebten Menschen, die auf ein ermutigendes Wort und eine helfende Handreichung von mir warten. Ich trage eine große Verantwortung, die ich alleine nicht bewältigen kann. Ich bitte dich an jedem Tag neu um deinen Beistand, um einen gesunden Körper und um ein dankbares und fröhliches Herz. Amen.

Stationsschwester

Mein Gott, ich bin verantwortlich für die Mitarbeiter auf einer Station, für den reibungslosen Einsatz und Dienstplan jedes Einzelnen. Ich muss darauf achten, dass es meinen großen und kleinen Patienten gut geht. Alle meine Kräfte sind gefordert. Ich sehe nicht nur die Schmerzen und Sorgen der Kranken, sondern auch die persönlichen Lebensbilder und Lebenswege des Einzelnen. Seine Erfolge und Misserfolge, die Grenzen seiner seelischen und körperlichen Kräfte mit den damit verbundenen Einbrüchen und Abbrüchen. Ich bitte dich, mein Gott, um Achtsamkeit bei allen meinen Aufgaben. Amen.

Pfleger

Herr, ich habe mich bereiterklärt, Kranke und Schwache zu pflegen und den Alten zu helfen, damit sie trotz ihrer Schwäche Zuwendung erhalten und vielleicht auch wieder ein bisschen Freude am Leben erfahren. Aber es ist nicht nur die Freude, sondern vor allem die Liebe und Nähe eines Menschen, der sich um Heilung bemüht. Herr, ich bitte dich, lass mich Freude bereiten, wo Traurigkeit wohnt, und Hoffnung säen, wo Resignation und Verzweiflung herrschen. Lass mich das Herz der Menschen verstehen. Amen.

Schwester im Operationssaal

Mein Gott, heute stehe ich wieder im OP. Jeder Handgriff muss sitzen, auf jede unvorhergesehene Situation muss ich reagieren können. Ich muss alles tun, um Gefahren zu vermeiden; einspringen, wo meine Hilfe benötigt wird. Es geht immer – auch bei einem kleinen Eingriff – um den ganzen Menschen. Ich weiß, dass kleine Fehler große Folgen haben können. Herr, ich bitte dich, gib mir einen klaren Verstand, eine ruhige Hand und große Sorgfalt bei der Arbeit. Amen.

Hebamme

Herr, ich habe einen der ältesten Berufe. Viele meiner Vorgängerinnen, die Großes geleistet haben, konnten den schwangeren Frauen bei der Geburt von Königen und Pharaonen, Propheten und großen Fürsten und Kaisern helfen. Selbst bei dir, Jesus Christus, soll der Maria eine Hebamme bei der Geburt beigestanden haben. Ja, ich darf an dem Wunder der Geburt eines neuen Lebens teilhaben. Das ist eine schöne Aufgabe und Berufung, denn es liegt eine große Verheißung über diesem Schöpfungsakt. Mein Dienst ist ein gesegneter Dienst und von dem Geheimnis des immer wieder neuen Lebens umgeben. Herr, segne du die Mütter, Väter und Kinder. Amen.

Hebamme

Herr, es ist etwas Besonderes und Wunderbares, das Wunder der Geburt eines Kindes erleben zu dürfen und zu begleiten. Meine Hände sind die ersten, die das Kind berühren und sanft umfassen. Und dann der erste Schrei, der das Leben anzeigt. Ein Leben inmitten von Leben, das einfach nur leben will. Und die Freude und Erleichterung bei der Mutter. Neue Schöpfung hat sich ereignet und liegt nun in den Armen der Mutter. Herr, ich danke dir, dass ich daran Anteil nehmen darf und jedes Mal von Neuem das große und unbegreifliche Wunder des Lebens erfahren kann. Amen.

Krankenschwester

Herr, es ist ein Dienst, der nicht immer einfach ist. Oft geht er über meine Kräfte der Seele und des Leibes hinaus. Darum bitte ich dich, gib mir ein unverzagtes Herz, ein starkes und tapferes Herz. Und ein Herz und eine Seele, die imstande sind, Glaube, Liebe und Hoffnung weiterzugeben. Gib mir einen starken Arm und eine Bewegung, die meinen Gang leicht und meine Schritte sicher machen. Behüte mich bei allem, was ich tue, und segne die Kranken durch meinen Dienst. Amen.

Krankenschwester

Spender des Lebens, gib mir Kraft, dass ich meine Arbeit mit Überlegung tue, getreu dem Ziel, das Leben jener zu hüten, die meiner Versorgung anvertraut sind. Halte rein meine Lippen von verletzenden Worten. Gib mir klare Augen, das Gute der anderen zu sehen. Gib mir sanfte Hände, ein gütiges Herz und eine geduldige Seele. Dass durch deine Gnade Schmerzen gelindert werden, kranke Körper heilen, Gemüter gestärkt werden, der Lebenswille wieder wachse. Hilf, dass ich niemanden durch Unwissenheit und Nachlässigkeit schade. Denen, die gebeugt sind von Kummer und Schmerz, gib Kraft zum Durchhalten. Schenke mir, o Gott, deinen Segen zu meiner Aufgabe. Amen.
(Florence Nightingale)

Gebete für Mitarbeitende bei krebskranken Kindern

Herr, beim Anblick meiner kleinen Patienten wird mein Herz schwer und meine Seele traurig. Es ist alles so dicht beieinander: Junges Leben, das leben will, und die Schatten des Todes. Das Lachen und Weinen der Kinder und die Tränen der Eltern. Wir bemühen uns, in Pflege, intensiver Betreuung und in Forschung Möglichkeiten zur Heilung zu finden. Wir benötigen dazu viel Geduld, Beharrlichkeit und unermüdliche Arbeit. Herr, gib uns dazu ein starkes und zuversichtliches Herz, die Kraft liebevoller Zuwendung und Begleitung und das uneingeschränkte Vertrauen auf dich, der du Berge versetzen und dem Tod die Grenzen aufzeigen kannst. Segne uns in diesen Tagen des Abschieds und in der Zeit des Übergangs in deine neue Welt. Amen.

Herr, ich bitte dich um die Kraft, das Leiden und Sterben der Kinder in meinem Herzen tragen zu können. Es liegen so viele dunkle Schatten der Trauer auf der Seele der Eltern. Ach, Herr, wenn ich nur helfen könnte! Aber meine Kräfte reichen nicht aus und ich finde nicht mehr die richtigen Worte. Und der stumme Schmerz in den Augen der Kinder, die wissen, wohin sie der Weg führen wird. Nun sind die Stunden der Tränen gekommen und wir halten einander fest, um uns zu trösten durch die liebende Nähe des anderen. Ich bitte dich, halte du uns auch fest in deinen Armen. Amen.

Mein Gott, ich danke dir, dass trotz allen Leidens immer wieder ein wenig Licht ins Dunkel fällt. Es ist das schwache Licht der Hoffnung auf Erlösung aus dem Tal der Tränen und der Hoffnungslosigkeit. Sterben ist ein schwerer Gang. Und wenn es ein Kind trifft, dann ist das wie ein Untergang inmitten des Tages. Und doch wirst du uns nicht allein lassen. Du wirst uns einen neuen Tag schenken, den Tag der Vollendung und des ewigen Lebens. Darum bitte ich dich im Namen aller Leidenden und Trauernden um deinen Segen. Amen.

Herr, alles unter dem Himmel hat seine Stunde. Alles hat seine Zeit. Anfang und Ende und dazwischen die Mitte unserer Zeiten. So stehen wir nun vor dem Tor, das du den Kindern öffnen willst. Es ist nicht leicht, loszulassen und Abschied zu nehmen. Wir wollen festhalten, was doch gehen muss. Wir begreifen mit dem Verstand, aber unser Herz hüllt sich in Trauer und Schmerz. Wir bitten dich, sei bei uns in diesen Stunden, gehe mit uns durch das Tal und öffne du dann die Pforte, die zum Leben bei dir führt. Tröste alle, die Leid tragen. Stärke alle, die sich verloren fühlen. Herr, bleibe bei uns! Amen.

Gebet für Mitarbeitende auf der Palliativstation

Mein Gott, Schmerzen sind nicht nur warnende Anzeichen, sondern können auch unerträglich werden. Unsere ganze Hoffnung richtet sich darauf, möglichst bald ohne Schmerzen zu sein. Nun sind schon viele Fortschritte erzielt und weiterhin werden auch in der Forschung alle Anstrengungen unternommen, Schmerzen zu lindern oder gar auszuschalten. Ohne Schmerzen ist das Leben leichter und erträglicher. Herr, wir sind für jeden kleinen Schritt, der uns bei der Sorge um Schmerzpatienten weiterhilft, dankbar. Wir bitten dich um Heilung am kranken Leib deiner Schöpfung und um die Hoffnung, dass am Ende kein Leid, kein Schmerz und keine Tränen mehr sein werden. Amen.

Gebet für Mitarbeitende in der Hospizarbeit

Herr, du hast Anfang und Ende in deiner Schöpfung geschaffen: Sonnenaufgang und Sonnenuntergang, Tag und Nacht, Geborenwerden und Sterben. So wie die Zeiten des Jahres kommen und gehen, so ist auch unser Leben. Du lässt die Menschen dahinfahren und sprichst: Kommt wieder, Menschenkinder!
Herr, du hast uns geboten, Kranke zu besuchen und Sterbende zu begleiten. Wir gehen die letzte Wegstrecke auf Erden mit denen, die wissen, dass ihre irdische Zeit ein Ende nimmt. Ihr Sterben soll nicht einsam und mit großen Schmerzen belastet sein.
Wir bitten dich um die Kraft, helfend und tröstend, betend und in der Hoffnung durch deine Auferstehung zum ewigen Leben bei ihnen zu sein. Amen.

Gebet für Mitarbeitende in der Sterbebegleitung

Herr, die Zeit des Abschieds ist schwer. Die Lebensfülle ist vergangen. Der Weg in jene Welt, die ganz zu dir gehört, ist nicht selbstverständlich. Das Leben hat eine Anziehungskraft, die der Schwerkraft der Erde gleicht. Darum hoffen wir, dass wir dennoch leicht das Tor zur Ewigkeit durchschreiten können.
Jesus Christus, wir danken dir, dass du mit uns sein wirst. Du gibst uns die Gewissheit, dass unser Leben durch deine Auferstehung verwandelt wird. Wenn wir selbst von dieser Hoffnung getragen sind, können wir den Sterbenden an der Hand führen und mit dem Sakrament des Heils das Tor zum Himmel öffnen.
Dazu gib uns ein festes Herz und einen Geist, der uns hilft, das Vertrauen auf dich zu bewahren. Amen.

Gebete für Mitarbeitende in Schule, Ausbildung, Fort- und Weiterbildung, Forschung und Lehre

Herr, du hast uns junge Menschen anvertraut, die wir unterrichten und bilden sollen. Es ist eine schöne, aber auch verantwortungsvolle Aufgabe. Die Mädchen und Jungen sind alle unterschiedlich. Keiner gleicht dem anderen. Es ist uns nicht erlaubt, sie alle gleich zu sehen. Jeder von ihnen ist ein unverwechselbares Geschöpf. Jedem hast du Gaben und Fähigkeiten gegeben, die sich entfalten sollen. Herr, lass uns erkennen, wie wir jede Schülerin und jeden Schüler zu fördern haben. Gib uns dazu Verstand und ein wachsames Herz und eine Seele voller Geduld. Amen.

Herr, was ist Pädagogik? Bestimmt nicht die Erziehung und Bildung zur Unmündigkeit. Nicht der Kadavergehorsam ist gefragt, sondern der starke Wille zur Selbstständigkeit und zu rechtem Verständnis von Freiheit. Dabei sind aber auch eine vernünftige Ordnung und ein gutes Augenmaß für das Wesentliche des Lebens nötig. Nicht der Egoismus und das Streben nach Macht, Besitz und Reichtum sind das wahre Glück des Menschen, sondern die alles durchdringende Liebe, die du uns gelehrt hast. Diese verstehen die Schüler aber nur, wenn sie ihnen durch uns begegnet. Dazu gib uns deinen Segen. Amen.

Herr, wir sind in einer Lehrerkonferenz, in der wir wichtige Entscheidungen im Blick auf unsere Schülerinnen und Schüler, Studenten und Studentinnen treffen müssen. Es ist nicht leicht, immer den richtigen Ton und die verständlichen Worte in der Auseinandersetzung untereinander zu finden. Aber wir sollen uns immer daran erinnern, dass das, was wir tun, dem Wohle und Weiterkommen unserer Schüler dienen muss. Wir haben Leben zu entfalten für die zukünftigen Jahre. Im Auftrag der Schule lehren wir, aber die Schüler haben für das Leben zu lernen. Herr, gib uns dazu Verstand, Weisheit und ein weitsichtiges und großzügiges Herz. Amen.

Mein Gott, ich bin verantwortlich für die jungen Menschen, die sich auf den Weg in ihr berufliches Leben begeben. Sie suchen Orientierung und Wissen. Sie wollen erfahren, wo ihre Stärken und Schwächen, ihre besonderen Gaben und Interessen liegen. Sie brauchen dazu den Raum zur Entfaltung ihrer Persönlichkeit. Herr, gib, dass ich achtsam und aufmerksam bin in der Zuwendung und Führung der mir anvertrauten Jugendlichen. Lass mich nicht vergessen, dass auch ich mich einst mit den ersten Schritten ins berufliche Leben schwergetan habe. Bewahre mich vor der Überheblichkeit, alles besser zu wissen. Dafür schenke mir Geduld und auch ein wenig Humor, damit es hin und wieder auch etwas zum Lachen gibt. Amen.

Mein Gott, ich danke dir für die vielen Erkenntnisse, die wir Menschen in den vergangenen Jahrhunderten gewonnen haben. In der Erforschung der Natur, der Biologie, der Technik, der Psychologie, der Philosophie und auch der Theologie. Dazu in der Kunst, der Musik, der Literatur und der Malerei. Wir können Geographie und Sternenkunde lehren und die kosmische Welt erforschen. Wunderbar und unermesslich ist deine Schöpfung, ein Werk, das unser Fassungsvermögen überschreitet. Herr, lass uns dabei aber nicht den Menschen vergessen, den du geschaffen hast, um auf dieser Erde zu leben und den Garten deiner Schöpfung zu hegen und zu pflegen.
Möge das Verständnis wachsen, dass wir alle eine große Gemeinschaft sind, in der ein jeder auf den anderen angewiesen ist. Amen.

Herr, deine Schöpfung ist im Werden. Sie ist noch nicht vollendet. Du lässt uns teilhaben an diesem Prozess. Unsere Aufgabe ist es, in Lehre und Forschung zu ergründen, wo wir weitere Erkenntnisse und Fortschritte im Zusammenleben der Völker erreichen können. Jeder Einzelne von uns hat hier seine Verpflichtung. Dazu hast du uns den Verstand gegeben, unermüdlich nach dem Guten und Wesentlichen unseres Lebens zu fragen. Wir Lehrende haben gemeinsam mit den Studierenden auch auf deine Stimme zu hören, die uns sagt, wo für jeden von uns die Mitte des Lebens liegt. Und lass uns gemeinsam nicht vergessen, dass du Anfang und Ende alles Geschaffenen bist. Amen.

Herr, alles, was wir lehren sollen, muss dem Menschen in seinem eigenen Leben weiterhelfen und für die Gemeinschaft tauglich sein. Die Bildung des Verstandes ist das eine, die Bildung des Herzens das andere. Beides gehört zusammen, wenn Leben gelingen soll. Alles wirkliche Leben ist Begegnung: die Begegnung mit dir, mit den Menschen, mit der Kreatur und der Natur und nicht zuletzt mit mir selbst. An allem hängt das Leben, und wenn eines zu kurz kommt oder gar ausfällt, dann können wir die Fülle des Lebens und sein Ziel nicht erreichen. Gott, lehre uns, damit wir klug werden und sehen: Das eigentliche Ziel unserer Reise bist immer du, unser Gott. Amen.

Herr, du hast uns den Verstand gegeben, Augen zum Sehen, Ohren zum Hören, einen Mund zum Reden, Singen und Essen, eine Nase zum Riechen der schönen Düfte in deiner Schöpfung und Gefühle, um die Hand des anderen zu fassen. Wir können messen und wägen, schreiben und malen, lesen und essen. Wir erkunden die kleine und große Welt, wir achten auf deine Weisungen und suchen deine Worte zu ergründen. Wir forschen in der Vergangenheit und lernen daraus für die Gegenwart und Zukunft. Herr, wir bitten dich, lass unseren Verstand nicht versickern. Behüte und segne uns. Amen.

Gebete für Erzieherinnen und Erzieher

In Krippen, Krabbelstuben, Kinderspielstuben

Herr, es ist ein schöner Beruf, für den ich mich entschieden habe.
Immer gibt es Überraschungen. Kinder in diesem Alter sind noch so unmittelbar und ihre Gefühle und Gedanken sind oft sehr spontan. Sie spiegeln das wider, was sie bisher gesehen und gehört, gefühlt und verstanden haben. Aber sie sind auch aufmerksame Beobachter, denn sie wollen nachahmen. So lernen sie, spielend die Welt und die Menschen zu erkunden. Sie brauchen meine Nähe, meine Worte und Gesten, meine Zuneigung und Freundlichkeit. Und sie haben ein großes Vertrauen, das ihnen Geborgenheit schenkt. Herr, ich danke dir, dass ich diese Kinder ein wenig auf ihrem Weg ins Leben fördern und begleiten darf. Segne mich und die Kinder. Amen.

In Kindergärten, Kindertagesstätten, schulvorbereitenden Einrichtungen, Horten

Herr, du hast das Paradies einst in den Garten Eden gesetzt. Du sorgst wie ein großer Gärtner für deine Schöpfung. Seit dem Verlust des Gartens warten wir auf den Tag, an dem du die Pforten zu diesem Garten wieder öffnest. Aber der Garten ist das Bild der schönen Gestaltung und der Ort zur Entfaltung des Lebens. Ich danke dir, dass es Gärten und Orte gibt, in denen wir Kinder inspirieren und erziehen, mit ihnen singen und spielen, erzählen und beten können. Es ist schön, wenn sie sich dann freuen und sich geborgen fühlen. Ich weiß, dass diese Kinder aufgeschlossen, sensibel und lebensfroh sind und eine große Liebe zum Leben haben. Herr, segne meinen Dienst! Amen.

In Kinderheimen, heilpädagogisch orientierten Heimen, Jugendwohngruppen

Mein Gott, wie oft werden Kinder körperlich und seelisch von den Erwachsenen verletzt. Es ist etwas in ihnen zerbrochen, sodass sie nicht mehr die Fülle des Lebens unbeschwert und lebensbejahend erleben können. Du hast mich zu dieser Aufgabe berufen, das, was verloren gegangen ist an körperlicher und seelischer Kraft, behutsam und achtsam zu heilen. Ich weiß, dass mir Grenzen gesetzt sind. Aber dennoch muss ich unerlässlich alle meine Kräfte einsetzen, denn die Kinder und Jugendlichen sind vor allem deine geliebten Kinder. Amen.

In der Behindertenhilfe

Mein Gott, es gibt so viele bekannte, aber auch noch unbekannte Ursachen, dass ein Kind behindert auf die Welt kommt. Es ist immer ein Schmerz für die Eltern und für die ganze Familie. Sie müssen lernen, damit umzugehen. Manche Behinderungen können von uns mit Hilfe der Ärzte und der Therapeuten ein wenig gelindert werden. Aber man lernt auch, mit der Behinderung zu leben. Mein Gott, befreie uns von dem Wahn, dass nur gesunde und kraftstrotzende Menschen wertvoll sind. Du liebst sie alle, die Schwachen und die Starken, die Behinderten und Nichtbehinderten. Vor dir gibt es keinen Unterschied der Person. Sie sind alle gleich und eingeschlossen in deine große Barmherzigkeit bis zu dem Tag der Erlösung. Dann werden alle von dir zur Vollkommenheit verwandelt. Amen.

Herr Jesus, du hast dich den Schwachen und Gebrechlichen, den Kranken und Ausgesetzten, den seelisch und körperlich Verletzten zugewendet. Mit deiner ganzen göttlichen Kraft hast du sie als geliebte Kinder deines Vaters begleitet. Du hast uns damit gezeigt, dass auch wir in deiner Nachfolge uns allen zuwenden sollen. Es geht um die mit der kleinen Kraft und dem doch oft so großen Mut. Es geht um die, die weinen und klagen, aber zugleich auch durch deine Liebe und Güte lachen und sich freuen können, wenn sie erfahren, dass die Liebe stärker ist als alles andere. Herr, hilf uns, diese Liebe weiterzugeben. Amen.

Förderbereich

Herr, wir wissen, dass der Mensch des Rates, des Beistands, der Liebe und der Hilfe bedürftig ist, denn allein ist er immer schwächer als mit der Unterstützung anderer. Wir danken dir, dass wir vor allem bei denen, die es am nötigsten haben, in der Entfaltung ihrer Gaben und der Förderung ihres Lebens in dieser Welt tätig sein dürfen. Es kostet viel Geduld und Aufmerksamkeit, für jeden Einzelnen die richtigen Worte und konkrete Hilfen zu finden. Jeder dieser Menschen hat seine eigene Würde und ein Recht auf erfülltes Leben. Herr, wir bitten dich um deine Hilfe und um einen Geist, der uns mit Fantasie und Können beflügelt. Amen.

Gebete für Verantwortliche in geistlichen Ämtern und in wirtschaftlichen Funktionen

Herr, ich danke dir, dass du mich für würdig und geeignet hältst, ein solches Amt mit großer Verantwortung, stetiger Herausforderung und hoher Kompetenzerwartung zu übernehmen. Ich betrachte das als Verpflichtung, in besonderer Weise den diakonischen, karitativen und sozialen Anforderungen gerecht zu werden. Ich weiß, dass ich nicht in die Machtstrukturen menschlicher Eitelkeiten und Überheblichkeiten verfallen darf. Ich stehe in deinem Dienst, den ich mit allen meinen Kräften gerecht und klar ausführen muss. Ich bitte dich um den Verstand zur Sachlichkeit, um die Weisheit, das Notwendige zu erkennen und das Überflüssige zu meiden. Ich bitte dich um ein Herz, das allen gegenüber aufgeschlossen ist und letztlich immer auf das Wohl der mir anvertrauten Menschen ausgerichtet ist. Amen.

Herr, du hast mich mit deinem Segen in ein leitendes Amt der Diakonie berufen. Ich will dir von ganzem Herzen und mit allen Gaben, die du mir verliehen hast, dienen. Ich danke dir für das Vertrauen, dass ich diesen Weg in deinem Namen gehen soll. Du wirst mir beistehen in guten und in schlechten Zeiten, die sich immer wieder ereignen werden. Ich bitte dich um den Geist der Güte und Barmherzigkeit, um den Geist der Besonnenheit und den Geist der Liebe. Und wo es nötig ist, um den Mut zur klaren Entscheidung und Anweisung. Denn dort, wo viele zusammen arbeiten, leben, beten und Gottesdienste feiern, ist eine einvernehmliche und geregelte Ordnung unerlässlich. Führe mich durch deinen heiligen Geist und beschütze mich an allen Tagen. Amen.

Mein Gott, du hast mich in ein geistliches Amt berufen zur Leitung einer diakonischen und karitativen Einrichtung. Meine Wurzeln liegen im Auftrag der Kirche, die predigend, seelsorgerlich und den Menschen dienend in dieser Welt tätig ist. Ich weiß, dass jeder diakonische Dienst vom Altar ausgeht und von dort auch seine spirituelle Kraft erhält. Die Quelle liegt in der Beauftragung durch Jesus Christus, der uns gelehrt hat, dass wir das, was wir am Geringsten unserer Schwestern und Brüder tun, auch ihm tun. So trage ich mein Amt mit der Achtsamkeit dafür, die geistliche Mitte unserer Arbeit zu gestalten, zu bewahren und zu pflegen. Mein Gott, gib mir dazu deinen Heiligen Geist. Amen.

Herr, du willst, dass ich ein treuer Haushalter deiner Gaben bin. Das soll ich auch im Blick auf meine wirtschaftliche Verantwortung verstehen. Ich weiß, dass unser diakonischer und karitativer Dienst in und an dieser Welt geschieht. So haben wir es auch mit der Planung und Steuerung der Wirtschaftlichkeit zu tun. Es ist eine manchmal schwere Herausforderung, die nötigen Finanzmittel für unsere vielfältigen Aufgaben zu bekommen. Und ohne funktionierende Verwaltung gerät alles schnell aus dem Gleichgewicht. So wird mein Dienst immer auf seine Christlichkeit, vor allem aber auf seine Professionalität und Wirtschaftlichkeit hin zu prüfen sein. Herr, ich bitte dich, gib mir das richtige Augenmaß, Klugheit und Verantwortungsbewusstsein. Amen.

Mein Gott, ich bin gewiss, dass viele Dinge der täglichen Wirtschaft und Planung mit guter Kenntnis und mit umfangreichem Wissen, vor allem aber auch mit Vernunft und Sachlichkeit zu regeln sind. Du hast uns einen gesunden Menschenverstand gegeben, den wir auch einsetzen sollen. Das gilt nicht nur mir, dem wirtschaftlich, sondern auch dem geistlich Verantwortlichen. Beide sind wir verpflichtet, mit Herz, Verstand und mit allen Sinnen unseren Dienst zu erfüllen. Und wenn es um Geld und Finanzierung geht, erwartest du von mir, dass ich es besonders sorgfältig verwalte und für die notwendigen Aufgaben sinnvoll einsetze. Ich bitte dich, hilf mir, mit dem Geist der Eintracht und des Vertrauens meiner Verantwortung nachzukommen. Amen.

Gebete für Mitarbeitende in der Verwaltung, im Sekretariat, Küster/Messner, Pfortendienst, in technischen Diensten, im Sekretariat, im Hotel, in der Bäckerei, Metzgerei und in der Gärtnerei

Verwaltung

Herr, du bist ein Gott, der seine Schöpfung geordnet und sinnvoll gestaltet hat. Du bist nicht ein Geist der Verwirrung und Unordnung, sondern ein Geist der Klarheit und der Gewissenhaftigkeit. Denn du hast uns deine Schöpfung und vor allem deine Geschöpfe anvertraut, dass sie leben und Leben entfalten können. Und dazu brauchen wir einen Raum der Weite und des Schutzes. In der Verwaltung und im geregelten Miteinander der Menschen geht es immer um Klarheit und Ordnung. Herr, ich bitte dich um Genauigkeit und Zuverlässigkeit. Du erwartest, dass ich ein treuer Haushalter in diesen Dingen bin. Ich danke dir für dein Vertrauen. Amen.

Handwerker

Herr, noch heute singen die Kinder das schöne Lied von den fleißigen Handwerkern. Oder früher hieß es: Handwerk hat goldenen Boden.
Heute hat sich das Bild des Handwerkers verändert, aber seine Grundaufgaben sind geblieben. Viele nützliche und moderne Werkzeuge unterstützen unsere Arbeit. Doch immer noch kommt es auf die Fähigkeiten jedes Einzelnen von uns an. Ohne unsere Arbeit würden keine Kirchen und Kapellen und keine Einrichtungen der Diakonie stehen. Ohne unsere Arbeit würde das Licht nicht brennen, kein Wasser fließen und die Häuser würden im Winter kalt bleiben. So bauen wir mit am Haus der Kirche und der Diakonie. Herr, dafür sind wir dankbar, denn dadurch erhält unsere Arbeit einen besonderen Wert. Mit dem, was wir tun, helfen wir auch den schwachen, behinderten und kranken Menschen. Wir sorgen dafür, dass Kinder einen schönen Kindergarten haben und die Alten betreut wohnen können. Und in einer großen Kirche können sie alle ihre Gottesdienste, Taufen und Hochzeiten und festliche Konzerte feiern.
Herr, segne das Werk unserer Hände. Amen.

Technische Dienste

Herr, oft werden viele Gegebenheiten als selbstverständlich betrachtet und gar nicht mehr ausreichend wahrgenommen. Doch auch für die Arbeit in den diakonischen und sozialen Einrichtungen müssen die Voraussetzungen stimmen: der sichere Zustand der Häuser und der technischen Geräte bis hin zur Pflege und Instandhaltung der Anlagen und Wege. Was nützen die teuersten Geräte, wenn sie nicht richtig funktionieren? Herr, ich nehme meine Aufgabe ernst und will sie gewissenhaft ausführen. Verleihe mir dazu eine sichere und gute Hand. Amen.

Hausverwaltungen

Mein Gott, es ist schön und notwendig, dass wir ein Dach über dem Kopf haben und geschützt und sicher wohnen. Jedes Haus ist ein kleiner Organismus, der nach bestimmten Gesetzen funktioniert. Doch ist leider immer wieder festzustellen, dass manche darauf keine Rücksicht nehmen. Und nun hast du mir dieses Amt des Hausverwalters übertragen. Ich muss ordnen und pflegen, prüfen, reparieren und erneuern. Eine ganze Liste an Dingen, um die ich mich kümmern muss. Es soll sich auch unter diesem Dach ein jeder wohlfühlen und geborgen wissen. Ich bitte dich, Herr, um deinen Segen, damit ich den Menschen freundlich begegne und sie sich auf mich verlassen können. Amen.

Im Hotelbetrieb

Herr, viele sind unterwegs auf Geschäftsreisen, zu Konferenzen und Tagungen. Es gab schon immer Orte der Einkehr, Hospize der Gastfreundschaft, Herbergen und Hütten auf den Bergen, einfache Unterkünfte oder mit Sternen ausgezeichnete. Wie auch immer, Reisende, die fern der Heimat sind, suchen eine Unterkunft, wo sie sich in der Nacht geborgen und beschützt fühlen.
Ich danke dir, dass ich an dieser Stelle arbeiten kann, wo ich Menschen freundlich begegnen und ihnen helfen kann. Gib mir die Gabe des Humors, wenn mancher Gast etwas abgespannt ist, und eine Portion Gelassenheit, wenn etwas nicht so ist, wie es sein sollte. Segne mich und alle Gäste unseres Hauses. Amen.

An der Rezeption

Mein Gott, jeder Gast, der dieses Haus betritt, wird von mir empfangen. Ich heiße ihn willkommen und wünsche ihm für die Zeit seines Aufenthalts alles Gute. Es ist alles für ihn vorbereitet. Herr, du schickst nicht immer fröhliche und heitere Menschen zu uns, manche sehen auch ernst und traurig aus. Jeder trägt immer auch sein Leben mit Höhen und Tiefen, Hoffnungen und Erfüllungen, Verzichten und Verlusten mit sich.
Herr, ich gebe unseren Gästen nicht nur den Zimmerschlüssel, sondern auch ein freundliches Lächeln mit. Mögen sie alle erfahren, dass sie immer unter deinem Schutz stehen. Amen.

Zimmerdienst im Hotel

Herr, meine Aufgaben sind sicherlich nicht spektakulär, eher verborgen, aber nichtsdestoweniger wichtig und notwendig. Denn ständig ist ein Kommen und Gehen in diesem Haus. Ich muss dafür sorgen, dass alles sauber und ordentlich ist und bleibt. Dabei kommt es oft auf viele Kleinigkeiten an, die ich nicht übersehen darf. Herr, denn es gehört alles zusammen: ein schön gerichtetes und einladendes Zimmer, klare Fensterscheiben und frische Bettbezüge, frische Luft und wenig Staub. Es ist mein Beitrag im Dienst am Menschen. Herr, ich bitte dich, lass meine Arbeit gelingen. Segne mich und unsere Gäste. Amen.

Öffentlichkeitsarbeit

Herr, Worte klingen oft schön und versprechen viel. Bilder lassen vieles noch deutlicher werden. Du hast mir die Gabe gegeben, mit diesen Mitteln anderen von den vielfältigen Diensten am Menschen zu berichten. Aber was nützen schöne Formulierungen und bunte Bilder, wenn sie nicht das Wesentliche deiner Botschaft vermitteln. Wir versuchen, den Menschen so zu zeigen, wie du ihn geschaffen hast.
Nicht die Models sind unser Vorbild, auch nicht die muskelbepackten jungen Männer und auch nicht die genormten Gesichter der Modewelt. Wir sehen das Gesicht, das du jedem unverwechselbar gegeben hast. In ihm steht alles geschrieben, was an Glück und Unglück, Freude und Leid, Werden und Vergehen, Erfolgen und Misserfolgen das Leben des Einzelnen geprägt hat. Herr, das ist der Mensch, dem du eine eigene Würde verliehen hast. Amen.

Fundraising und Medienarbeit

Herr, du willst, dass nicht nur deine Worte, sondern auch deine Taten verkündigt werden. Du willst auch in unserer Zeit, dass wir unser Licht nicht unter den Scheffel stellen, sondern in Wort, Bild und Ton weitergeben, was dein diakonischer Auftrag für uns ist. Es geschieht nicht zu unserer Ehre, sondern um der Menschen willen, die Sehnsucht nach gelingendem Leben haben. Das ist der Grund, warum wir um Unterstützung bitten für diesen Auftrag. Und dafür tun wir alles, was den Menschen bereit zum Teilen macht. Danke, Herr, dass du uns dabei helfen willst. Amen.

Bitte um Spenden

Herr, wir stehen für deinen diakonischen Auftrag zur Verfügung. Wir wollen mit unserer Arbeit den Menschen davon überzeugen, dass das Leben mehr als nur Nehmen ist, sondern seinen Sinn im Geben hat.
Es ist gut, wenn es uns gelingt, unseren sozialen Auftrag mit Spendenwerbung zu unterstützen. Nicht alles können Staat und Kirchen finanzieren. Wir brauchen Menschen, die von dem, was sie haben – und viele haben im Überfluss –, abgeben können. Herr, wir bitten dich um Menschen, denen du Herz und Hand öffnest. Um Menschen, die nicht krampfhaft festhalten, sondern loslassen können. Denn wer loslassen kann, wird selbst frei und bereit für das wahre Glück des Lebens. Amen.

Öffentlichkeitsarbeit

Herr, du hast durch dein Evangelium die Menschen gelehrt, welche Kraft und Überzeugung in deinen Worten steckt. Die Bibel macht uns immer wieder von Neuem darauf aufmerksam und will uns daran erinnern, worauf es in unserem Leben ankommt. So wenden wir uns durch das gedruckte Wort in Zeitschriften, Magazinen und Prospekten an die Öffentlichkeit. Wir wollen zeigen, wie Menschen, die unsere Hilfe brauchen, durch Worte und Taten ermutigt und getröstet werden. Herr, wir bitten um den rechten Geist, der uns das richtige Wort lehrt und unsere Feder führt. Amen.

In der Bibliothek

Herr, seit der Erfindung des Buchdruckes können wir uns über vieles selber informieren und nachlesen. Unzählige Bücher sind gedruckt, verkauft, gelesen worden und auch wieder verloren gegangen. Hier bei mir stehen Tausende von Büchern geordnet und behütet. Sie stehen in den Regalen, manchmal liegen sie auch noch in Kisten im Keller. Sie sind alle registriert und wohl geordnet festgehalten. Schnell sind sie aufzufinden, wenn ein Besucher der Bibliothek einen Titel sucht. Das Buch, Herr, öffnet uns weite und unbekannte Welten. Es belehrt uns und heitert uns auf. Es vermittelt uns Wissen und Erkenntnisse. Es macht uns traurig und hoffnungsvoll zugleich. Es verzaubert uns durch fantasievolle Erzählungen und beeindruckt uns durch interessante und geheimnisvolle Bilder. Danke, Herr, dass du mich teilhaben lässt an der Fülle deiner Welt. Amen.

Mein Gott, im wichtigsten aller Bücher hast du dich selbst offenbart und die Geschichte deines Volkes, das Heilsgeschehen deines Sohnes Jesus Christus und die Gründung deiner Kirche durch den Heiligen Geist festgehalten. Die Bibel, das Buch der Bücher, in nahezu 2500 Sprachen übersetzt, ist ein Buch, das viele lesen und interpretieren. Kommentare und geschichtliche Darstellungen, archäologische und exegetische Untersuchungen versuchen dem Geheimnis der göttlichen Offenbarung nahezukommen. Herr, nur ein Bruchteil von diesen Büchern steht – neben Zeitschriften, Magazinen und Zeitungen – hier in diesen Räumen. Ich werde es wohl nie schaffen, alle zu lesen. Aber das Angebot liegt jeden Tag vor mir. Amen.

Im Sekretariat

Herr, ich habe eine Aufgabe, die alle meine Sinne beansprucht. Ich muss gut zuhören und reden können. Ich muss auf die vielen kleinen Hinweise und Zeichen achten und sehen, wo ich gebraucht werde. Ich soll auch gut fühlen können, um festzustellen, ob das benötigte Material die entsprechende Qualität hat, und auch riechen und schmecken, wenn ich den Gästen etwas zum Essen und Trinken anbiete. Aber das ist noch nicht alles. Ich habe Terminpläne zu überwachen, Briefe und Einladungen zu schreiben. Der PC erleichtert meine Arbeit, aber die vielen E-Mails müssen rechtzeitig beantwortet werden. Herr, ich mache das alles gerne, aber manchmal fällt es mir nicht so leicht, bei alledem geduldig und freundlich zu bleiben. Darum gib mir gute Nerven und immer ein freundliches Wort auf den Lippen. Amen.

Herr, was war das früher für ein Aufwand, um einen Brief zu schreiben. Zuerst das Diktat im Stenogramm, dann die Übertragung auf den Briefbogen mit einer mechanischen Schreibmaschine mit den anschließenden manchmal nicht enden wollenden Korrekturen.
Heute sitze ich am Computer, kann in kürzester Zeit Texte schreiben und verbessern. Briefe verschicke ich nur wenige Minuten später per E-Mail an den Adressaten. Herr, das ist die eine Seite meiner Arbeit. Die andere sind die lebensnahen und interessanten Begegnungen und Gespräche mit Menschen. Ja, es stimmt: Alles wirkliche Leben ist Begegnung. Ich danke dir für diese Bereicherung meines Lebens. Amen.

Pfortendienste

Mein Gott, hier sitze ich nun wieder an der Pforte. Alle, die unser Haus und unsere Abteilungen besuchen wollen, müssen an mir vorbei. Manchen sehe ich an, ob sie mit einem fröhlichen und zuversichtlichen Gesicht hier eintreten oder ob sie mit schweren Gedanken belastet sind. Viele haben Fragen, die ich hoffentlich immer ausreichend beantworten kann. Manchmal ist es auch für einige Minuten ganz still, dann kann ich mich kurz entspannen. Herr, schenke mir auch ein Lächeln, das den Besucher willkommen heißt. Amen.

Herr, manchmal gehen mir die vielen Fragen auf die Nerven. Vor allem dann, wenn dazwischen immer wieder das Telefon klingelt und der Anrufer erwartet, dass ich jetzt nur Zeit für ihn habe. Wie soll ich bei diesem Stress und dieser Hektik nur den Überblick behalten, richtig antworten und womöglich auch noch ein Lächeln zeigen? Ich will nicht klagen, aber gib mir etwas mehr Gelassenheit und trotz allem ein freundliches Gesicht. Herr, ich weiß, dass mein Dienst wichtig ist, und ich bin dankbar, dass du mich an dieser Stelle brauchst. Amen.

Das Amt des Küsters, der Küsterin in der Kirche

Herr, ich bin von Menschen beauftragt zum Dienst in und an dem Kirchengebäude. Du hast mich berufen zum Dienst am Schmuck und den Zeichen deines Hauses. Ich habe dafür zu sorgen, dass der Raum der Kirche für Gottesdienste, Taufen und Hochzeiten, Konzerte und Festgottesdienste gut vorbereitet ist. Herr, es ist schön, dir an dieser Stelle zu dienen. Wenn ich die Kerzen anzünde und den Altar schmücke, darauf achte, dass die Kirche hell erleuchtet ist, dann freue ich mich auf den Gesang der Gemeinde und auf die Feier des heiligen Abendmahls. Danke, dass ich dir dienen kann mit meinen Händen und mit meinem Herzen. Amen.

Küster / Küsterin

Mein Gott, vieles von dem, was ich tue, sieht die versammelte Gemeinde oft nicht. In der Stille bereite ich die Sakristei und den Kirchenraum vor. Öffne Tore und Türen. Manchmal komme ich mir vor wie ein kleiner Regisseur: Gäste begrüßen, Plätze anweisen, Gesangbücher verteilen und für die Kollekte den Klingelbeutel bereithalten. Denn wenn der Gottesdienst beginnt, muss alles in Ordnung sein, damit ich mich während der Feier auf das Wesentliche konzentrieren kann. Und inmitten allen gottesdienstlichen Geschehens darf ich dir dienen mit meiner kleinen Kraft und einem dankbaren Herzen. Und ich werde bleiben in deinem Haus und unter deinem Schutz geborgen sein. Herr, ich danke dir. Amen.

Gebet für Mitarbeitende in der Bäckerei

Herr, ich arbeite in einer Bäckerei einer großen diakonischen Einrichtung. Ich habe gelernt, wie man Brot und Brötchen, Brezeln, Lebkuchen und alles, was zu einer richtigen Bäckerei gehört, backt. Du hast mir zugetraut, dass ich in einem ungewöhnlichen Rhythmus arbeite. Sehr früh in der Nacht beginne ich meinen Dienst. Während andere tief schlafen, stehe ich in der Backstube und knete Teig und forme das Brot. Und am frühen Morgen sind Brot und Brötchen, Brezeln und Hörnchen und vieles andere für den Kunden bereit.
Herr, ich danke dir für die schöne Arbeit und bitte dich um Sorgfalt und Gesundheit und immer für das richtige Maß an Zutaten. Ich trage dazu bei, wenn wir dich bitten: Unser tägliches Brot gib uns heute. Amen.

Gebet für Mitarbeitende in der Gärtnerei

Herr, du bist der große Gärtner. In deinem Garten Eden war alles vollkommen und wunderbar eingerichtet. Diesen Garten hast du uns Menschen anvertraut, ihn zu hegen und zu pflegen. Die Vielfalt deiner Pflanzen und Blumen, Bäume und Sträucher und vor allem die köstlichen Früchte sind nicht nur bewundernswert, sondern auch zur Erfrischung und bekömmlichen Nahrung gedacht. Herr, wir danken dir für die Farben, in denen sich deine Schöpfung spiegelt. Wir dürfen mit unserer Arbeit ein wenig von dieser bunten Vielfalt weitergeben. Viele Menschen erfreuen sich daran, was wir gestaltend vor Augen führen. Das ist schön und belebt uns. Amen.

Gebet für Mitarbeitende in der Küche

Mein Gott, wir brauchen nicht nur Nahrung für unsere Seele, sondern auch Stärkung für unseren Leib. Du hast es nun einmal so eingerichtet, dass wir ohne Nahrung nicht leben können. Du gibst uns frisches Wasser aus der Quelle und Getreide und Korn von den Feldern. Die Früchte des Meeres und der Bäume und die vielen Gaben der Natur tragen dazu bei, dass wir nicht schwach werden, sondern mit der Kraft unseres Körpers unsere Arbeit leisten können.
Herr, du hast mich in die Küche gestellt, damit ich dafür sorge, dass der Hunger durch die Mahlzeiten gestillt wird. Ich bin so eine Art Leibsorger. Ich freue mich, wenn es mir gelingt, dem Gast gesunde und wohlschmeckende Kost aufzutischen. Und du hast sicher nichts dagegen, wenn ich ihn ein wenig verwöhne. Ich bitte dich, segne meinen Dienst. Amen.

Gebet für Mitarbeitende in der Metzgerei

Herr, die Vegetarier betreten selten unser Geschäft. Ich kann sie verstehen, denn der Umgang des Menschen mit Tieren ist teilweise sehr unwürdig. Die Kreatur ist auch deine Schöpfung. Aber wir dürfen auch davon leben. Viele Menschen leben nicht nur von Brot, Milch, Fisch und Gemüse, sondern auch von Fleisch. Und eine gute Bratwurst und ein Schnitzel schmecken nun wirklich nicht schlecht. Aber alles ist uns gegeben zur Erhaltung des Lebens.
Herr, ich danke dir für die Arbeit, mit der ich andere Menschen mit Sorgfalt und Freundlichkeit bedienen kann. Ich bitte dich um die Gesundheit der Menschen und um die Lebenskraft, die sie durch die Nahrung erhalten. Amen.

Gebete für Mitarbeitende in der Gefängnisseelsorge

Herr, zu deinen Geboten der Nächstenliebe gehört auch, Gefangene zu besuchen. Zunächst geht es um eine Schuld, die nach dem Gesetz unserer Rechtsordnung mit einer Strafe gesühnt werden muss. Wie auch immer die Ursachen und Umstände gewesen sind, die zu dieser Verfehlung geführt haben, die Folgen für den Einzelnen sind mit einer Verurteilung zu einer Gefängnisstrafe auch für die Seele des Einzelnen eine Belastung. Es ist nun Zeit zur Selbstbesinnung und zur Umkehr vorhanden. Nicht jeder ist in der Lage, das allein zu bewältigen. Darum ist unser Dienst im Gefängnis so wichtig. Wir sehen in jedem ein menschliches Gesicht, das du ihm gegeben hast. Herr, gib uns Zeit und Kraft für diesen Dienst. Amen.

Mein Gott, immer wieder bewegt mich das Thema Schuld und Sühne. Letztlich geht es immer um Versöhnung. Um die Versöhnung des Gefangenen mit sich selbst und der Gesellschaft, aber vor allem auch um Versöhnung mit dir, mein Gott. Du bist nicht ein Gott der Rache, sondern der Vergebung. Wer sich schuldig gemacht hat und dich bittet: Herr, sei mir Sünder gnädig und vergib mir meine Schuld, dem vergibst du seine Sünden. Ich danke dir, dass es eine große Befreiung gibt, durch die du einen neuen Anfang im Leben des Menschen ermöglichst. Mein Gott, gib mir die Kraft, dass ich den Geist der Versöhnung und der Vergebung weitergeben kann. Amen.

Gebete für Mitarbeitende der »Tafel«

Herr, unsere Gesellschaft hat trotz allem Überfluss oft kein großzügiges Herz für die, die am Rande stehen. Viele Tische sind reich gedeckt und die Auswahl in den Supermärkten ist groß. Und wie viele Lebensmittel werden unachtsam weggeworfen, die den Hunger anderer stillen könnten!? Doch es gibt auch Menschen, die nicht nur an sich denken. Du hast sie frei gemacht von der alleinigen Sorge um sich selbst. Sie können teilen und abgeben von dem, was sie haben. Und so können auch wir, die wir täglich in der Tafel arbeiten, weitergeben. Es ist auch gut, dass es Unternehmen gibt, die von dem, was übrigbleibt, denen Lebensmittel zur Verfügung stellen, die wenig zum Leben haben. Herr, wir beten dein Gebet: Unser tägliches Brot gib uns heute. Ja, Herr, unser und das Brot für die anderen gib uns. An jedem Tag neu. Danke! Amen.

Herr, zweimal die Woche gehe ich zur Tafel. Dort trage ich Kisten, sortiere Lebensmittel und manchmal gebe ich Sachen raus. Das ist da alles streng geregelt und man muss darauf achten, dass keiner zu viel und keiner zu wenig bekommt. Wobei dieses immer im Rahmen der »Lebensmittelspenden«, also des vorhandenen Angebotes liegt. Die Menschen, die zur Tafel kommen, werden mit Respekt behandelt. Sie werden Kunden genannt und die Lebensmittel, die die Discounter wegwerfen, Ware. Wir geben uns Mühe, dass es für keinen diskriminierender wirkt, als es für den Einzelnen wahrscheinlich schon ist. Amen.
(Verfasser unbekannt)

Gebete für Mitarbeitende bei Brot für die Welt und bei der Katastrophenhilfe

Herr, es ist oft kaum zu ertragen, was an Leid über Menschen kommen kann, wenn Hungersnot, Kriegsgeschrei und Katastrophen ausbrechen. Es übersteigt die Kräfte des Einzelnen, hier Hilfe zu leisten. Viele müssen bereit sein, ihre Kraft und ihre finanzielle Unterstützung dafür zu geben. Darum bemühen wir uns, an die Bereitschaft zur Spende und zum persönlichen Einsatz zu appellieren.
Herr, wir bitten dich, öffne die Herzen und Hände derer, die haben und abgeben können. Den meisten unter uns geht es gut. Wehre dem Missbrauch durch Betrug, Bestechung und Korruption. Jeder Mensch, der in große Not geraten ist, braucht unsere Hilfe, die ihn auch erreichen soll. Amen.

Herr, ermutige uns immer wieder, in der Sorge um die Hungernden und Sterbenden nicht nachzulassen. Es scheint ein oft so namenloses und nicht enden wollendes Elend zu sein. Wir leiden darunter, dass wir so oft vergeblich dagegen angehen können und unsere kleine Kraft nicht ausreicht. Wir bitten dich, gib uns ein starkes Herz und einen zähen und durchsetzungsfähigen Willen den Menschen zuliebe, die unsere Hilfe zum Überleben brauchen. Lass uns nicht schweigen, wenn dringend benötigte Hilfe aus sogenannter politischer Rücksichtnahme unterbleibt. Die Hand des Hungers ist eine stete Anklage gegen unsere Hartherzigkeit. Herr, öffne die Hände der Menschen, damit wir in aller Welt helfen können. Amen.

Gebete für Mitarbeitende in der Freien Wohlfahrtspflege

Gott, der du die Welt und unser Leben mit den Wundern deiner Schöpfung ausgestattet hast, wir danken dir, dass du uns den Weg zur Hilfe und Unterstützung an Menschen in Not gezeigt hast. Du hast unser Herz für die Nöte und Leiden der Menschen geöffnet. Wir können nicht wort- und tatenlos daran vorbeigehen. Vielfältig ist unser Dienst, den wir mit der Energie einer sorgenden Liebe tun. Wir bitten dich um die Worte, die einen Menschen aufrichten und ermutigen können. Wir bitten dich um die konkrete Umsetzung unserer Liebe in die Tat. Denn was nicht zur Tat wird, ist vergeblich. Wir leben und arbeiten zusammen mit allen, die guten Willens sind, für das Wohl des Menschen alles einzusetzen und zu tun. Gib uns dazu den Mut und deinen Segen. Amen.

Herr, wir haben das Beispiel vom barmherzigen Samariter von dir gehört als Vorbild für unser Reden und Tun bei der Fürsorge um Menschen, die auch heute noch in unserer Gesellschaft unter die Räuber fallen können. Eines der großen Leiden der Menschen ist, dass sie ausgebeutet und nicht ernst genommen werden; dass sie betrogen und hintergangen werden. Schamlos ist oft der Umgang der Menschen untereinander. Und ein großes Unglück, wenn sie missbraucht, unterdrückt und an der Entfaltung ihres Lebens gehindert werden. So leidet nicht nur der Körper, sondern auch der Seele des Einzelnen wird schlimmer Schaden zugefügt. Herr, lass uns alles tun, was den Menschen helfen kann. Amen.

Gebete für Mitarbeitende im europäischen Raum

Herr, unsere Welt rückt immer näher zusammen. Die Kommunikation hat einen technischen Stand erreicht, der die Länder Europas und die der ganzen Welt verbindet. Ein weltweites Netz steht uns zur Verfügung. So liegt es nahe, dass gerade die sozialen Probleme in den verschiedenen europäischen Ländern uns bekannt sind. Durch die EU sehen und erfahren wir mehr von unseren Nachbarn. Dabei geht es nicht nur um politische und wirtschaftliche Fragen, sondern auch um die Möglichkeiten, soziale Notstände zu beheben oder mindestens zu verringern. Diakonie und soziale Arbeit setzen dort ein, wo die Hilfe am nötigsten ist. Wir sollen nicht nur auf unsere eigenen Probleme schauen, sondern auch die Nöte der anderen sehen. Herr, gib uns einen freien Blick für die Menschen in anderen Ländern. Amen.

Mein Gott, du hast uns den Auftrag gegeben, jedem in Not geratenen Menschen ohne Ansehen der Person, seiner Religion oder politischen Einstellung zu helfen. Unsere Hilfe kommt von Gott, unserem Herrn, der sie allen seinen Menschenkindern gewährt. So wird Ökumene zu einem gelebten Dienst aneinander. Wenn es dein Wille ist, wird die verlorene Einheit auf dem Weg der Christen und Religionen durch diesen Dienst der Versöhnung und des Vertrauens zueinander neu gefunden. Herr, wir danken dir, dass inzwischen schon teilweise große Hoffnungen vorhanden sind und dass die Anzeichen der großen Veränderung zum gemeinsamen europäischen Haus zu entdecken sind. Amen.

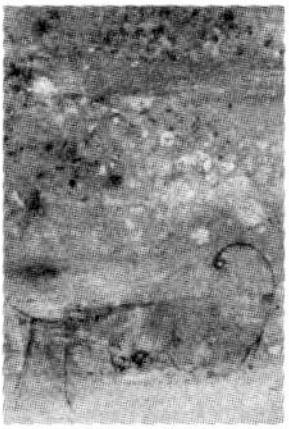

Anhang

Gebete und Texte für Gemeinde, Diakonie und soziale Arbeit

Verleihe mir, allmächtiger Gott, dass ich alles, was dein Wille ist über meinem Leben, umsichtig erforsche, wahrhaftig erkenne und vollkommen erfülle. Ordne mein Leben so, wie es dir zur Ehre und mir zum Heil sein kann. Gib mir dazu, o Herr, ein starkes Herz, ein freies Herz, ein wachsames Herz und ein unwandelbares Herz.
Mache mich schlicht ohne Überheblichkeit, ernst ohne Trauer, wahrhaft ohne Täuschung, mutig ohne Furcht und ruhig ohne Leichtsinn. Lass meinen Weg gerade und sicher zum Ziel kommen.
Lass mich immer auf dich hoffen, liebreicher Gott meines Lebens.
(Thomas von Aquin)

Abends, morgens und mittags loben wir dich, Gebieter über das All.
Wir preisen dich, wir danken dir. Wir bitten dich, menschenfreundlicher Herr, lenke unser Gebet in deine Gegenwart. Lass unsere Gedanken nicht abirren zu schlechtem Reden und Sinnen, sondern befreie uns von allem, was unserer Seele schaden kann. Zu dir, Herr, erheben wir unseren Blick, und auf dich setzen wir unsere Hoffnung.
Dir gebührt aller Ruhm, alle Ehre und Anbetung. Dem Vater, dem Sohn und dem Heiligen Geist. Jetzt und allezeit und von Ewigkeit zu Ewigkeit. Amen.
(Russisch-orthodoxes Gebet)

Komm, Herr Jesus, und erfreue uns durch deine göttliche Gegenwart. Wir bedürfen des Rates, der Hilfe und des Schutzes. Komm und heile unsere Blindheit, komm und hilf unserem schwachen Wesen. Komm, du Glanz der göttlichen Herrlichkeit, Gottes Kraft und Gottes Weisheit. Wandle unsere Nacht zum Tag, schütze uns vor Gefahr. Erleuchte das Dunkel, stärke unseren Mut und führe uns treu an deiner Hand. Leite uns nach deinem Willen von dieser vergänglichen Welt in die ewige Stadt, die du selbst gegründet und erbaut hast. Amen.
(Bernhard von Clairvaux)

Herr, wenn ich einsam bin, schaffe in mir ein fröhliches Herz, das deine Gegenwart fühlt. Wenn ich erschöpft bin, schaffe in mir ein zuversichtliches Herz, das mich an den Sinn meines Lebens erinnert.
Wenn ich leide, schaffe in mir ein geduldiges Herz, das die Schwierigkeiten geduldig erträgt. Wenn ich versucht werde, schaffe in mir ein festes Herz, das gegen die Versuchung kämpft. Wenn ich gefallen bin, schaffe in mir ein glaubendes Herz, das deine Vergebung empfängt. Wenn ich mit Wohlstand gesegnet bin, schaffe in mir ein großzügiges Herz, das deine Gaben mit den Armen teilt. Wenn ich mit Freunden zusammen bin, schaffe in mir ein mitfühlendes Herz, das ihnen das Evangelium weitersagt. Amen.
(Johnson Gnanabaranam)

Gott, segne mich, wenn ich mein Wissen vermehre und wenn ich meine Kenntnisse von den Geheimnissen des Zusammenlebens auf dieser Erde vergrößere. Gott, segne mich, wenn ich meinen Glauben, der kaum Berge versetzen kann, an meinen Zweifeln prüfe. Gott, segne mich auch dann, wenn ich mein Vermögen überschlage, wie denen zu helfen ist, die ohne Hilfe nicht überleben. Gott, segne mich, damit ich als ein von Christus begeisterter Mensch an das Stückwerk meines Alltags gehen kann und dabei das Stückwerk nie als das Ganze ansehe. Amen.
(Autor unbekannt)

Du Engel Gottes, der du für mich bestellt bist vom lieben Vater der Barmherzigkeit, als Hüter gleichsam über die Schar der Heiligen die Runde zu machen um mich in dieser Nacht. Entferne von mir jegliche Versuchung und Gefahr. Umgib mich auf dem Meer der Unrechtmäßigkeit und den Engen, Krümmungen und Meeresstraßen. Bewahre mein kleines Boot, bewahre es immerdar. Sei du eine helle Flamme vor mir. Sei du ein leitender Stern über mir. Sei du ein glatter Pfad unter mir. Und sei ein freundlicher Hirte hinter mir, am heutigen Tag, in dieser Nacht und immerdar.
(Keltisches Gebet)

Gott, mache unsere Herzen groß, damit sie groß genug sind, die Größe deiner Liebe anzunehmen. Mache unsere Herzen weit, damit sie alle diejenigen im Blick haben, die mit uns an Jesus Christus auf Erden glauben. Mache unsere Herzen weit, damit sie denen begegnen können, die dich nicht kennen. Ja, öffne unsere Herzen, damit sie auch die wahrnehmen können, die in unseren Augen nicht liebenswert sind, die wir nicht einmal berühren möchten. Ja, öffne unsere Herzen!
(Aus Afrika)

Allmächtiger Gott, tröste uns mit dem Wort, das uns wohltut und heilt. Wecke die Brunnen der Tiefe wieder auf, und unsere Psalmen bekommen Töne des Frühlings. Unsere Seele kennt die Worte der Angst und der Not. Unsere Gebete aus dem Jammer unseres Lebens werden wach vor dir. Und du, Herr, trittst mit deinem freundlichen Wort zu unserer bedrängten Seele und sprichst: Friede sei mit euch! Ich will euch behüten, wo immer auch euer Weg hinführt. Und wie die Erde die Wärme der Sonne aufnimmt und den Regen trinkt, damit alles wachse und grüne, so trinkt auch unsere müde Seele, Herr, dein liebliches Wort.
(Hermann von Bezzel)

Sage Ja zu den Überraschungen, die deine Pläne durchkreuzen, deine Träume zunichtemachen, deinem Tag eine ganz andere Richtung geben – ja vielleicht deinem Leben. Sie sind nicht Zufall. Lass dem himmlischen Vater die Freiheit, selber den Verlauf deiner Tage zu bestimmen.
(Dom Helder Camara)

Es kommt nicht darauf an, was wir sind, sondern wie wir sind. Es kommt nicht darauf an, was wir tun, sondern wie wir es tun. Es kommt nicht darauf an, zu genießen, sondern mitzuteilen. Es kommt nicht darauf an, geliebt zu werden, sondern zu lieben. Es kommt nicht darauf an, was Menschen von uns denken und sagen, sondern was wir vor Gott sind. Es kommt nicht darauf an, ob wir viel Erkenntnis haben, sondern ob wir das Erkannte in die Tat umsetzen. Es kommt nicht darauf an, ob wir lange leben, sondern dass unser Leben den rechten Inhalt hat. Es kommt nicht darauf an, wann wir sterben, sondern ob wir bereit sind, Gott zu begegnen.
(Eva von Thiele-Winkler)

Möge Sanftmut sein auf deinen Lippen, lieblich und lau wie ein Abend im Sommer, der langsam ins Laub der Bergeschen sinkt. Möge der Wind dich liebkosen, wenn du traurig bist, die Sonne dich wärmen, wenn es dir schlecht geht. Möge der Regen die Tränen aus deinem Gesicht waschen, die du in verzweifelten Stunden weinst. Mögen dich die Engel des Himmels umgeben und dich vor allen Gefahren beschützen.
(Irischer Segenswunsch)

Mein Herz hört die Stimmen, und ich will alle dunklen Schleier der Vergangenheit den Winden geben, damit auch mein Seufzen aufsteigt in den unendlich leuchtenden Himmel, hoch hinauf, und mitklingt, wo die gelben Kolibris singen zum Preise Gottes der Himmel. Ach, ich will nicht weinen auf Erden. Verfällt nicht das Haus irdischer Träume? Ach, ich weiß, was immer die Erde trägt, muss enden, wie hier unser Leben endet. Lass mich singen zu dir, du Grund des Alls. Im Himmel möge meine Seele dir singen, dass du sie freundlich ansiehst, du, durch den wir leben. Amen.
(Altmexikanischer Hymnus)

Herr, mache mich zum Werkzeug deines Friedens, dass ich Liebe übe, wo man sich hasst, dass ich verzeihe, wo man sich beleidigt, dass ich verbinde, wo Streit ist, dass ich die Wahrheit sage, wo der Irrtum herrscht, dass ich den Glauben bringe, wo der Zweifel drückt, dass ich Hoffnung wecke, wo Verzweiflung quält, dass ich dein Licht anzünde, wo die Finsternis regiert, dass ich Freude verbreite, wo der Kummer wohnt. Ach Herr, lass mich trachten, nicht dass ich getröstet werde, sondern dass ich tröste, nicht dass ich verstanden werde, sondern dass ich verstehe, nicht dass ich geliebt werde, sondern dass ich liebe. Denn wer da hingibt, der empfängt, wer sich selbst vergisst, der findet, wer verzeiht, dem wird verziehen, und wer da stirbt, der erwacht zum ewigen Leben. Amen.
(Franziskanisches Friedensgebet)

Ich bat um Stärke, aber er machte mich schwach, damit ich Bescheidenheit und Demut lernte. Ich bat um seine Hilfe, um große Taten zu vollbringen, aber er machte mich kleinmütig, damit ich gute Taten vollbrächte. Ich bat um Reichtum, um glücklich zu werden. Er machte mich arm, damit ich weise würde. Ich bat um alle Dinge, damit ich das Leben genießen könne. Er gab mir das Leben, damit ich alle Dinge genießen könne. Ich erhielt nichts von dem, was ich erbat – aber alles, was gut für mich war. Gegen mich selbst wurden meine Gebete erhört. Ich bin unter allen Menschen ein gesegneter Mensch.
(Autor unbekannt)

Wenn ich zweifelnd nicht mehr weiter weiß und meine Vernunft versagt, wenn die klügsten Leute nicht mehr weiter sehen als bis zum heutigen Abend und nicht wissen, was man morgen tun muss – dann sendest du mir, Herr, eine unumstößliche Gewissheit, dass du da bist. Du wirst sorgen, dass nicht alle Wege zum Guten versperrt sind.
(Alexander Solschenizyn)

Lass mich langsamer gehen, Herr. Entlaste das eilige Schlagen meines Herzens durch das Stillwerden meiner Seele. Lass meine hastigen Schritte stetiger werden mit dem Blick auf die weite Zeit der Ewigkeit. Lass mich die Zauberkraft des Schlafes erkennen, die mich erneuert. Lehre mich die Kunst des freien Augenblicks. Lass mich langsamer gehen, um eine Blume zu sehen, ein paar Worte mit einem Freund zu wechseln, einen Hund zu streicheln, ein paar Zeilen in einem Buch zu lesen. Lass mich langsamer gehen, Herr, und gib mir den Wunsch, meine Wurzeln tief in den ewigen Grund zu senken, damit ich emporwachse zu meiner wahren Bestimmung.
(Aus Südafrika)

Nur für heute werde ich mich bemühen, den Tag zu erleben, ohne das Problem meines Lebens auf einmal lösen zu wollen.
Nur für heute werde ich mich den Gegebenheiten anpassen, ohne zu verlangen, dass sich die Gegebenheiten an meine Wünsche anpassen.
Nur für heute werde ich etwas tun, wozu ich eigentlich keine Lust habe.
Nur für heute werde ich nicht danach streben, die anderen zu kritisieren oder zu verbessern – nur mich selbst.
Nur für heute werde ich in der Gewissheit glücklich sein, dass ich für das Glück geschaffen bin.
Nur für heute werde ich eine gute Tat vollbringen.
Nur für heute werde ich zehn Minuten meiner Zeit einem guten Buch widmen.
Nur für heute werde ich keine Angst haben.
Nur für heute werde ich ein genaues Programm aufstellen. Vielleicht halte ich mich nicht genau daran. Aber ich werde es aufsetzen. Ich werde mich vor zwei Übeln hüten: vor der Hetze und der Unentschlossenheit.
Nur für heute werde ich glauben – selbst wenn die Umstände das Gegenteil zeigen sollten –, dass Gott für mich da ist, als gäbe es sonst niemanden in der Welt. Ich werde mich

nicht entmutigen lassen durch den Gedanken, ich müsste dies alles mein ganzes Leben lang durchhalten. Heute ist es mir gegeben, das Gute während zwölf Stunden zu wirken.
(Johannes XXIII.)

Herr, wenn ich im Leiden stehe und will blind und gleichgültig werden gegen die Menschen um mich her, dann halte du mein Auge hell und mein Herz frei von Selbstsucht, die gerade den Leidenden so leicht befällt. Hilf mir, nicht immer an mich selbst zu denken. Ich darf nicht anspruchsvoll werden, darf den andern nicht zur Last fallen, darf ihnen ihre Freude nicht deswegen verderben, weil es mir schwer zumute ist. Jeden kleinen Dienst der Liebe lehre mich sehen; lehre mich ihn würdigen und dafür dankbar sein. Ja, ich muss lernen, selbst den anderen nützlich zu sein, denn dann bezwingt einer am leichtesten sein Leid, wenn er über sich selbst hinweggeht und anderen hilft.
(Romano Guardini)

Mein Vater, ich überlasse mich dir, tue mit mir nach deinem Gefallen. Was immer du tun magst mit mir, ich danke dir. Ich bin bereit zu allem. Ich nehme alles, wenn nur dein Wille in mir geschieht und in all deinen Geschöpfen. Ich habe kein anderes Verlangen, mein Gott. Ich lege meine Seele in deine Hände. Ich gebe sie dir, mein Gott, mit der ganzen Liebe meines Herzens, weil ich dich liebe. Und aus Liebe danach verlange, mich hinzugeben und mich in deine Hände zu legen. Ohne Maß, mit einem unendlichen Vertrauen, denn du bist mein Vater.
(Charles de Foucauld)

Der Herr sei vor dir, um dir den rechten Weg zu zeigen. Der Herr sei neben dir, um dich in die Arme zu schließen und dich zu schützen. Der Herr sei hinter dir, um dich zu bewahren vor der Heimtücke böser Menschen. Der Herr sei unter dir, um dich aufzufangen, wenn du fällst, und um dich aus der Schlinge zu ziehen. Der Herr sei in dir, um dich zu trösten, wenn du traurig bist. Der Herr sei um dich herum, um dich zu verteidigen, wenn andere über dich herfallen. Der Herr sei über dir, um dich zu segnen. So segne dich der gütige Gott.
(Altchristlicher Segen, 4. Jahrhundert)

Literaturhinweise

Hermann Schoenauer, Leben gestalten, Gebete zur Zeit, Gütersloher Verlagshaus, 2. Auflage, 2008

Hermann Schoenauer, Leben segnen, Rituale für den Alltag, Gütersloher Verlagshaus, 2009

Peter Helbich, Segenswünsche für jeden Tag, Blum Verlag, Frankenthal, 2. Auflage, 2010

Neues Evangelisches Pastorale. Texte, Gebete und kleine liturgische Formen für die Seelsorge, Gütersloher Verlagshaus, 4. Auflage, 2010

Eckhard Herrmann, Aus meines Herzens Grunde. Gebete für den Tag, Claudius Verlag, 2005

Herbert Vinçon (Hrsg.), Ich suche dich. Ein Gebetbuch für jeden Tag, Neukirchener Verlagshaus, 2001

Die Losungen der Herrnhuter Brüdergemeine. Hrsg. von der Evangelischen Brüder-Unität im Friedrich Reinhardt Verlag, Lörrach / Basel

Licht und Kraft. Losungskalender. Andachten über Losung und Lehrtext. Hrsg. von Thomas Gauger in Verbindung mit der Herrnhuter Brüdergemeine. Aue Verlag, Möckmühl; Verlag Ernst Kaufmann, Lahr